KB143466

55문 55답으로 준비하는
부동산 세무조사

55문 55답으로 준비하는 부동산 세무조사

손준길, 조안나, 김은정, 곽문석, 박정우 지음

한국경제신문 *i*

"부동산 세무조사와 관련된 자주 묻는 질문만
선별해서 수많은 세무조사 대응 경험을 바탕으로
알기 쉽게 답변했습니다."

 세무조사를 대응하면서 납세자분들과 미팅을 하다 보면 늘 안타까운
마음이 가슴에 남습니다. 그 이유는 납세자분들이 애초부터 조세 탈루
의 목적을 가지고 신고를 한 것이 아님에도 불구하고 매우 큰 세무 리
스크를 안게 되기 때문입니다. 가산세를 포함한 추징세액은 물론이거
니와 조세범 처벌법에 따른 범칙고발 대상자가 되기도 합니다.

 그런데 이러한 결과가 만들어진 가장 큰 이유는 안타깝게도 납세자
분들의 세무적 무지 때문입니다. 물론, 자신의 사업이나 부동산 취득
과 관련해서 모든 세무지식을 알고 있어야 하는 것은 아닙니다. 다만,
사업 또는 부동산 취득과 관련해서 정말로 중요한 쟁점이 무엇인지,
어떤 부분을 전문가와 상의해야 하는지 정도의 세무적 관심이 필요한
것입니다.

저자는 그동안 세무적 무지로 인해서 막대한 세 부담을 감당하는 경우를 너무나도 많이 봐왔으며, 이에 조금이라도 세무적 관심을 늘리는 데 기여할 수 있는 방법을 찾고자 이 책을 서술하기로 결심했습니다. 이 책은 먼저, 납세자의 시각에서 가장 많이 궁금해하는 질문들을 선별했고, 그렇게 엄선된 질문들에 대해 다양한 사례들과 실제 조사를 대응하면서 얻은 경험들을 바탕으로 세무조사 대비에 초점을 맞추어 알기 쉽게 답변하는 방식으로 서술했습니다.

자금출처 대상자 선정에서부터 자금출처 소명, 세무조사 대비 방법에 이르기까지 세무조사와 관련된 전반적인 내용이 담겨 있으며, 그렇기에 부동산 취득으로 고민하시는 많은 분들에게 좋은 안내서가 될 것이라고 확신합니다.

마지막으로 이 책이 나오기까지 물심양면으로 도움을 주신 한성주 대표님, 늘 나눔의 삶을 살고 계시는 배중렬 대표님, 로운세무법인이라는 새로운 도전을 할 수 있게 옆에서 많은 격려와 조언을 해주신 대표님들, 그리고 늘 변함없이 지지해주는 가족들에게 감사드리며, 다시 한번 이 책이 납세자의 세무적 관심에 일조할 수 있기를 기원합니다.

손준길, 조안나, 김은정, 곽문석, 박정우

차례

자금출처 선정 기준

PART 02 과세 관청 정보분석시스템 및 과세 관청의 시각

PART
03

자금출처조사 대응 방법 및 절세팁

PART 04

자금조달계획서

PART

01

자금출처 선정 기준

부동산 세무조사란?

Question 부동산 세무조사란?

Answer 　부동산 세무조사란 부동산의 취득 또는 보유·양도와 관련된 모든 세무 상황에 대해서 적법하게 신고했는지 과세권자가 확인하는 절차를 말한다.

세무조사는 국가재정을 확보하는 데 필수불가결하고, 세무 행정상의 납세질서를 확립시키기 위해서 진행된다. 특히, 부동산 세무조사는 부동산의 취득 및 보유·양도에 이르기까지 적법한 납세가 이루어졌는가를 확인하는 절차로, 주택 안정화 정책의 일환으로 사용되고 있다. 부동산 세무조사의 경우 대부분이 부동산 취득과 관련된 자금출처조사이기 때문에 부동산을 취득했으나, 그에 대한 원천이 부족하다고 판단되어 조사가 나오게 되었다고 생각하면 된다.

조사사무처리규정 제3조(정의)

　　　1. "세무조사"란 각 세법에 규정하는 질문조사권 또는 질문검사권에 근거해서 조사공무원이 납세자의 국세에 관한 정확한 과세표준과 세액을 결정 또는 경정하기 위해서 조사계획에 의해 세무조사 사전통지 또는 세무조사 통지를 실시한 후 납세자 또는 납세자와 거래가 있다고 인정되는 자 등을 상대로 질문하고, 장부·서류·물건 등을 검사·조사하거나 그 제출을 명하는 행위를 말한다.

국세기본법 제81조의 6(세무조사 관할 및 대상자 선정)

② 세무공무원은 다음 각 호의 어느 하나에 해당하는 경우에 정기적으로 신고의 적정성을 검증하기 위해서 대상을 선정(이하 "정기선정"이라 한다)해서 세무조사를 할 수 있다. 이 경우 세무공무원은 객관적 기준에 따라 공정하게 그 대상을 선정해야 한다(개정 2013. 1. 1, 2014. 1. 1, 2017. 12. 19).

1. 국세청장이 납세자의 신고 내용에 대해서 과세자료, 세무정보 및 '주식회사의 외부감사에 관한 법률'에 따른 감사 의견, 외부 감사 실시 내용 등 회계 성실도 자료 등을 고려해서 정기적으로 성실도를 분석한 결과 불성실 혐의가 있다고 인정하는 경우

2. 최근 4과세 기간 이상 같은 세목의 세무조사를 받지 아니한 납세자에 대해서 업종, 규모, 경제력 집중 등을 고려해서 대통령령으로 정하는 바에 따라 신고 내용이 적정한지를 검증할 필요가 있

는 경우

3. 무작위 추출 방식으로 표본조사를 하려는 경우

③ 세무공무원은 제2항에 따른 정기선정에 의한 조사 외에 다음 각
호의 어느 하나에 해당하는 경우에는 세무조사를 할 수 있다(개정
2011. 5. 2. 2014. 1. 1. 2015. 12. 15).

1. 납세자가 세법에서 정하는 신고, 성실신고확인서의 제출, 세금계
산서 또는 계산서의 작성·교부·제출, 지급명세서의 작성·제출
등의 납세협력 의무를 이행하지 아니한 경우

2. 무자료 거래, 위장·가공 거래 등 거래 내용이 사실과 다른 혐의
가 있는 경우

3. 납세자에 대한 구체적인 탈세 제보가 있는 경우

4. 신고 내용에 탈루나 오류의 혐의를 인정할 만한 명백한 자료가
있는 경우

5. 납세자가 세무공무원에게 직무와 관련해서 금품을 제공하거나
금품 제공을 알선한 경우

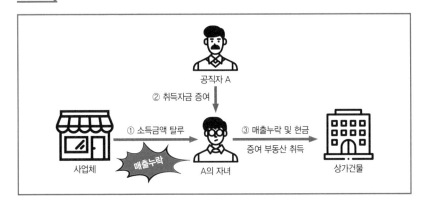

탈루한 소득금액과 부모로부터 받은 자금으로 건물을 취득한 사례로, 이러한 경우 자금원천조사 시 증여세 문제뿐만 아니라 사업체에 대한 매출누락 문제도 같이 발생하게 된다. 즉, 자금출처조사 대상자 선정 시 원천을 구성하는 내용에 따라 조사범위가 확대될 수 있음을 유의해야 한다.

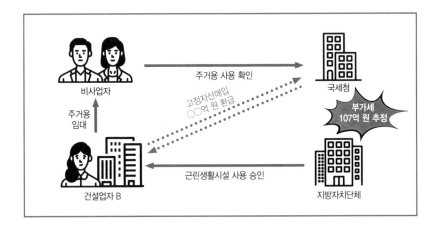

과세사업자로 등록해서 건물 매입 시 부가세 환급을 받았으나, 주거용 임대(면세)로 사용한 사례로, 국세청으로부터 부가세 107억 원을 추징 당했다. 특히 주거용 임대로 전용 시 세입자들이 연말정산 시 반영하는 월세 세액공제 등을 통해 주거로 사용한 사실을 쉽게 파악할 수 있는 만큼 주의해야 하는 사례이다.

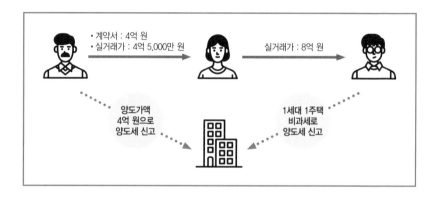

다운계약을 통해 양도가액을 과소 신고하고, 취득자는 이후 1세대 1주택 비과세로 양도세 신고한 사례로, 국세청에서도 예의주시하고 있는 사항이다. 조사 대상자에 선정될 시 자금이체 내역 등을 통해 확인 될 경우 세금뿐만 아니라 과태료도 부과되는 만큼 하지 말아야 할 방법 중 하나이다.

Tip. 저자의 한마디 부동산 세무조사는 2017년 6·19대책 이후부터 주택 시장 안정화를 위해 정부에서 심도 있게 확인하고 있는 세무조사의 한 부분이다. 집값이 안정화되지 않고 있는 현재 시점에서 여러 가지 세법적 제제를 진행함과 동시에 탈법적인 방법을 통해 부동산을 취득하고 있는 주택 매수자를 대상으로 광범위하게 진행하고 있는 실정이다.

더불어 주택 가격 상승이 가파른 지역을 대상으로 전수 확인하는 기획조사도 진행하고 있다. 따라서 부동산을 취득함에 있어서 자금출처조사 대상자에 선정될 것을 가정해서 문제가 되지 않도록 합법적인 방식으로 준비해야 한다.

용어설명

- ▶ **과세권자**(Subjects of Taxation) : 세금을 매기는 주체로, 국가나 지방자치단체를 의미
- ▶ **소득금액**(Amount of Income) : 사업자 또는 근로자가 일정 기간 동안 근로 사업을 벌이거나 자산을 운영해서 거두어들인 돈의 액수
- ▶ **자금출처조사** : 부동산을 취득한 경우 이에 필요한 돈이 어디에서 났는지를 확인하는 조사
- ▶ **기획조사** : 목적을 가지고 사전에 계획해서 진행하는 조사

부동산 세무조사와
자금출처조사는 다른 걸까?

Question   부동산 세무조사와 자금출처조사는 다른 걸까?

Answer   부동산 세무조사는 자금출처조사를 포함하는 보다 넓은 범위의 조사를 의미하고, 부동산 취득과 관련해서 그 취득 원천을 확인하는 조사를 '자금출처조사'라고 한다. 부동산 세무조사의 경우 부동산의 취득부터 보유 및 양도에 이르기까지 부동산과 관련된 모든 세목에 대해서 개별 세법에 규정된 질문 조사권을 가지고 과세권자가 진행하는 세무조사를 의미한다.

관련 법령 및 예규   **법인세법 제122조**(질문·조사)

법인세에 관한 사무에 종사하는 공무원은 그 직무

수행에 필요한 경우에는 다음 각 호의 어느 하나에 해당하는 자에 대해서 질문하거나 해당 장부·서류 또는 그 밖의 물건을 조사하거나 그 제출을 명할 수 있다. 이 경우 직무상 필요한 범위 외에 다른 목적 등을 위해서 그 권한을 남용해서는 아니 된다.

소득세법 제170조(질문·조사)

① 소득세에 관한 사무에 종사하는 공무원은 그 직무 수행을 위해서 필요한 경우에는 다음 각 호의 어느 하나에 해당하는 자에 대해서 질문을 하거나 해당 장부·서류 또는 그 밖의 물건을 조사하거나 그 제출을 명할 수 있다. 다만, 제21조 제1항 제26호에 따른 종교인 소득(제21조 제4항에 해당하는 경우를 포함한다)에 대해서는 종교단체의 장부·서류 또는 그 밖의 물건 중에서 종교인 소득과 관련된 부분에 한정해서 조사하거나 그 제출을 명할 수 있다.

상증세법 제84조(질문·조사)

세무에 종사하는 공무원은 상속세나 증여세에 관한 조사 및 그 직무 수행에 필요한 경우에는 다음 각 호의 어느 하나에 해당하는 자에게 질문하거나 관련 장부·서류 또는 그 밖의 물건을 조사하거나 그 제출을 명할 수 있다. 이 경우 세무에 종사하는 공무원은 질문·조사하거나 장부·서류 등의 제출을 요구할 때 직무 수행에 필요한 범위 외의 다른 목적 등을 위해서 그 권한을 남용해서는 아니 된다.

고가 주택 취득자 등 257명 자금출처 세무조사 착수
– 부모·금융기관 채무와 보증금 등은 상환 과정을 매년 철저히 검증 –

▣ **(착수 배경)** 국세청은 국토부·지자체 등 관계기관 합동조사로 통보된 **탈세의심자료**와 최근 **고가 아파트 취득자**에 대한 자금출처를 **전수 분석**하여 **탈루혐의**를 포착하고 세무조사에 착수하였습니다.

▣ **(조사 대상)** 통보된 탈세의심자료 531건 중 **증여세 신고기한이 경과**한 자료를 **분석**하여, **증여세 신고·납부** 등으로 탈루혐의가 확인되지 않은 경우를 제외하고,

 • 부모 등 친인척으로부터 고액을 차입하여 아파트를 취득하였으나, 소득·재산상태로 보아 **사실상 증여로 의심**되거나 **변제할 능력이 부족**한 탈루혐의자 **101명을 선정**하였으며,

 • 아울러, 수도권 및 지방의 **고가 주택 취득자**로서 자산·지출·소득을 연계 분석한 결과, **자금출처가 불분명한 자**와 소득탈루혐의 **주택임대법인** 등 **156명**을 선정하였습니다.

▣ **(향후 계획)** 앞으로 국세청은 자금조달계획서 등을 활용하여 **고가 주택 취득자**에 대해서는 **자금출처를 전수 분석**하고 탈루혐의자에 대해서는 **예외 없이 세무조사**를 실시할 것입니다.

 • 또한, 차입금으로 주택을 취득하고 **부모 등이 차입금을 대신 변제**하거나 **면제**하는 등 **채무를 통한 편법증여**에 대해서는 **증여세를 과세**하고 채무상환 전 과정을 **매년 철저히 검증**하는 한편,

 • 다주택자 중과회피를 위해 설립한 **법인의 주택임대소득 등**에 대해서도 **성실신고 여부를 정밀 검증**할 계획이므로 납세자 여러분의 성실한 납세를 당부드립니다.

출처 : 국세청 홈페이지 보도자료

변칙적 탈세혐의가 있는 다주택 취득 사모펀드 · 법인, 고가 주택 취득 연소자(외국인 30명 포함) 등 98명 세무조사 착수

■ **(착수 배경)** 국세청(청장 김대지)은 **부동산 시장**을 면밀히 모니터링한 결과 **부동산 시장 과열**에 편승한 **변칙적 탈세혐의자**를 다수 포착하고 **세무조사**에 **착수**하였습니다.

■ **(조사 대상)** 사모펀드를 통해 **다수의 주택**을 취득 · 임대하면서 **거액**을 배당받고도 **가공 비용 계상 · 법인자금 유출** 등으로 법인세 및 소득세를 **탈루**하거나, **투자금을 증여**받은 혐의가 있는 **사모펀드 투자자** 등 10명

- **법인** 설립 후 다주택 취득 과정에서 **편법증여**받은 **혐의자** 12명

- **고가 아파트를 취득**한 30대 이하 **연소자** 중 **편법증여**받은 **혐의자**(외국인 30명 포함) 76명 등

- **부동산 거래**를 통한 **변칙적 탈세혐의자 98명**을 조사 대상으로 **선정**하였습니다.

■ **(향후 계획)** 앞으로도 국세청은 **부동산 거래 과정**에서의 **변칙적 탈세**에 대하여는 **자산취득**부터 **부채상환**까지 **꼼꼼히 검증**해나가겠습니다.

출처 : 국세청 홈페이지 보도자료

　　앞서 국세청 보도자료에서 보는 것처럼 부동산 세무조사의 대다수는 부동산을 취득함에 있어서 자금출처를 확인하는 자금출처조사를 의미하며, 특히나 부모 등 친인척으로부터 차입한 금액이 큰 경우 조사 대상자로 선정될 가능성이 크다. 또한 개인뿐만 아니라 사모펀드 및 법인이 주택을 취득할 시에도 조사 대상자에 선정되고 있으니, 법인을 설립해서 주택을 취득하는 경우 또한 예외 없이 세무조사 대비를 해야 한다.

용어설명

▶ **사모펀드**(Private Placement Fund, Private Equity Fund): 투자자로부터 모은 자금을 주식, 채권 등에 운용하는 펀드

부동산 세무조사 대상자 선정 시 나이나 세대주 여부도 중요할까?

Question | 부동산 세무조사 대상자 선정 시 나이나 세대주 여부도 중요할까?

Answer | 그렇다. 자금출처 세무조사를 진행할 시 직업, 연령, 소득 및 재산 상태로 보아 자력으로 부동산을 취득할 수 없다고 판단될 시 조사 대상자로 선정된다. 즉, 연령 또한 과세관청에서 조사 대상자로 선정하는 기준이 된다. 상증세법 집행기준 45 - 34 - 3 자금출처 증여추정 배제기준에 의하면 연령과 취득재산에 따라 증여추정 배제기준을 두고 있는 점으로 보았을 때 연령은 조사 대상자 선정 시 중요한 요인이 된다.

또한 2020년 이전 상증세 집행기준에서는 증여추정 배제기준을 나눌 때 연령뿐만 아니라 세대주 여부로도 구분했으나, 2020년도 상증세 집행기준 증여추정 배제기준에서는 세대주 여부는 빠지고, 연령과 취득재산으로만 금액을 구분하고 있다. 2020년 이전 배제기준에 대비해 세대주기준이 빠지면서 취득재산의 가액이 더 작아졌음을 유의해야 한다. 즉, 수도권 내 주택 취득 시 배제 규정이 적용될 여지가 크지 않다는 뜻이다.

관련 법령 및 예규 | **집행기준 45 − 0 − 1 재산취득자금 · 채무상환자금 증여추정**

직업, 연령, 소득 및 재산 상태 등으로 볼 때 재산(채무)을 자력으로 취득(상환)했다고 인정하기 어려운 경우에는 그 재산(채무)을 취득(상환)한 때, 그 재산의 취득(상환)자금 중 입증하지 못한 금액을 그 재산(채무)의 취득(상환)자가 증여받은 것으로 추정해서 이를 그 재산 취득자(채무상환자)의 증여 재산가액으로 한다.

집행기준 45 − 34 − 3 자금출처 증여추정 배제기준

연령 · 세대주 · 직업 · 재산 상태 · 사회경제적 지위 등을 고려해서 재산 취득일 전 또는 채무상환일 전 10년 이내에 해당 재산취득자금 또는 해당 채무상환자금 합계액이 다음의 기준 금액 미만인 경우에는 증여추정 규정을 적용하지 아니한다. 다만, 기준 금액 이하이더라도 취득가액 또는 채무 상환금액이 타인으로부터 증여받은 사실이 확인될 경우에는 증여세 과세 대상이 된다.

| 증여추정 배제기준(2020년도 상증세 집행기준) |

구분	취득재산		채무상환	총액한도
	주택	기타재산		
30세 미만	5,000만 원	5,000만 원	5,000만 원	1억 원
30세 이상	1.5억 원	5,000만 원	5,000만 원	2억 원
40세 이상	3억 원	1억 원	5,000만 원	4억 원

| 증여추정 배제기준(2020년도 이전 상증세 집행기준) |

구분	취득재산		채무상환	총액한도
	주택	기타재산		
1. 세대주인 경우				
가. 30세 이상인 자	2억 원	5,000만 원	5,000만 원	2억 5,000만 원
나. 40세 이상인 자	4억 원	1억 원		5억 원
2. 세대주가 아닌 경우				
가. 30세 이상인 자	1억 원	5,000만 원	5,000만 원	1억 5,000만 원
나. 40세 이상인 자	2억 원	1억 원		3억 원
2. 30세 미만인 자	5,000만 원	5,000만 원	5,000만 원	1억 원

사례

고가 부동산 거래 과정에서의 편법증여혐의자 등 517명 세무조사 착수
– 고가 주택 취득자, 다주택 연소자, 호화사치 생활자, 부동산 법인 중점조사 –

■ **(착수 배경)** 고액 자산가들의 편법증여는 대다수 국민들에게 상대적 박탈감을 주는 등 성실납세 의식에 악영향을 주고 있습니다.

- 그간 국세청은 고액 자산가 그룹을 구축하고, 재산변동 상황을 상시 관리하는 등 편법증여에 엄정 대응하여 왔습니다.

- 이번에는 관계기관 합동조사* 결과 통보된 탈세의심자료, 고가 아파트 매매·전세거래 및 호화사치 생활자 등을 분석하여 다수의 탈루혐의를 발견하고 세무조사에 착수하였습니다.

  *국토교통부 內 '불법행위대응반'에서 주택거래 적정 여부 조사

■ **(조사 대상)** 관계기관 합동조사 결과 통보된 탈세의심자료 중 변칙 거래를 통한 탈루혐의자 279명과

- 자금출처가 명확하지 않아 편법증여 등 혐의가 있는 고가 주택 취득자 등 146명, 다주택 보유 연소자와 세금탈루혐의가 있는 호화사치 생활자 60명,

- 법인설립 및 자산운용 과정이 불투명한 소규모 부동산업 법인, 기획부동산업자 등 32명을 선정하였습니다.

■ **(향후 계획)** 국세청은 지능화되는 변칙 탈루행위를 차단하기 위해 자금출처 분석 시스템을 더욱 고도화하고, 치밀한 분석을 통해 관련혐의를 끝까지 추적·과세하겠습니다.

출처 : 국세청 홈페이지 보도자료

Tip. 저자의 한마디

자금출처조사 대상자 지정 예시 중 대부분이 미성년자로서 자금 원천이 충분히 소명되지 않는 경우와 사채(개인 간 부채)를 활용한 취득의 경우였음을 주의하자. 따라서 미성년자라 할지라도 원천이 충분한 경우 조사 대상자에 선정되지 않는다. 또한, (구)재산 집행기준에 따르면 세대주인 경우와 아닌 경우에 따라서도 자금출처 증여추정 배제기준을 구분했지만, 2020년 이후 재산 집행기준에 따르면 앞의 표에서 보는 것처럼 세대주를 구분하지 않고 다만, 연령으로만 배제기준을 구분했다.

실상 금액의 차이는 30세 이상인 자부터 40세 미만의 자와 40세 이상인 자의 경우 주택기준으로 1억 5,000만 원의 차이에 불과하며 또한 배제기준 금액이 총액한도로 최고 4억 원밖에 되지 않아 수도권 지역 내에서는 크게 의미 없는 배제기준임을 염두에 두고 있어야 한다.

그리고 가장 중요한 원칙은 운용(쓴 돈) 금액 대비 원천(번 돈) 금액의 차이가 있느냐라는 것으로, 확실한 편법증여혐의 등이 있는 경우에는 배제기준에 부합되더라도 조사 대상자에 선정될 수 있음을 유의해야 한다.

세무조사는 부동산을 양수할 때 나올까? 양도할 때 나올까?

Question 세무조사는 부동산을 양수할 때 나올까? 양도할 때 나올까?

Answer 모든 시점에 나올 수 있다. 하지만, 대부분의 부동산 세무조사는 부동산 취득과 관련해서 선정되는 자금출처조사를 의미하며, 이는 부동산을 매입(양수)했을 때 선정된다. 대신 조사 대상 기간과 조사 시기는 불일치하는 경우가 대부분이며, 여러 행정상의 절차 및 조사 대상자 분석에 소요되는 시간 때문에 조사 대상 기간에 비해 조사 시기는 통상적으로 6개월~3년 뒤인 경우가 대부분이다.

사례

다주택 취득자 등 부동산 거래 관련 탈세혐의자 413명 세무조사 착수
– 법인설립 다주택 취득자, 업·다운계약 혐의자, 탈세혐의 중개업자 등 중점조사 –

- **(착수 배경)** 국세청은 최근 수도권 및 일부 지방도시 주택 시장의 과열현상에 편 승한 부동산 거래 관련 탈세혐의를 다수 발견하고 세무조사에 착수하였습니다.

- **(조사 대상)** 1인 법인을 설립하거나, 수차례에 걸친 시세차익 투자를 통해 다 수의 주택 및 분양권을 취득하는 과정에서 자금출처가 불분명한 자 등 다주 택 보유자 56명 및 회사자금 유출혐의 9개 법인과

  - 고액 자산취득 연소자 등 62명, 편법증여 및 사업소득 탈루를 통한 고가 주 택 취득자 44명, 고액 전세입자 107명

  - 관계기관 합동조사 결과 주택 거래 관련 탈세의심자료*중 특수관계자 간 가장 차입금 등을 통한 탈세혐의자 100명
    * 국토교통부 內 '부동산시장불법행위대응반'에서 조사하여 기통보된 자료를 분석하 여 선정하였으며 향후 통보될 탈세의심자료도 전수 분석할 계획

  - 주택 매매 거래 시 업·다운계약서 작성혐의자, 수수료누락 등 탈세혐의 부 동산 중개업자, 기획부동산 등 35명 등

  - 부동산 거래를 통한 변칙적 탈세혐의자를 정밀 분석하여 413명을 세무조 사 대상으로 선정하였습니다.

- **(향후 계획)** 앞으로도 국세청은 부동산 시장을 면밀히 주시하고 탈세행위 발 견 시 끝까지 추적하여 엄정하게 과세하겠습니다.

  - 특히, 서울·중부지방국세청에 이어 인천·대전지방국세청에도 '부동산 거 래탈루 대응T/F'를 추가로 설치하였으며,

  - 부동산 거래 관련 탈세에 보다 신속히 대응할 수 있는 체계를 계속 확대 구 축해나가겠습니다.

출처 : 국세청 홈페이지 보도자료

국세청 보도자료에서 보는 것처럼 양도보다는 취득과 관련해서 조사가 나오고 있는 실정이며, 더 정확히는 취득 원천의 편법증여혐의를 중점적으로 확인 중이다. 과세당국은 부동산과 관련된 자금출처조사에 집중하는 한편, 주택 매매 거래 시 업·다운계약서를 통한 부동산 시장 교란혐의자에 대한 조사도 진행하고 있다는 것을 확인할 수 있다. 따라서 부동산 취득자의 경우 취득 원천이 부족하다 해서 다운계약서를 통한 부동산 거래를 할 수 있으나, 과세당국에서 중점적으로 확인하고 있는 사항인 만큼 취득세 추징과 가산세 부과의 세법상 제제뿐만 아니라 부동산 취득가액의 5% 이하에 해당하는 과태료를 부과받을 수 있다는 점까지 고려할 경우에는 세무 리스크가 매우 큰 잘못된 선택이다.

왜 자금출처 대상자로
선정되었을까?

Question 왜 자금출처 대상자로 선정되었을까?

Answer 자금출처 대상자로 선정되는 대부분의 이유는 운용 금액(쓴 돈) 대비 원천 금액(번 돈)이 부족하기 때문이다. 그 외에도 정책 목적상 전수조사의 경우 특정 지역의 부동산을 취득했다면 조사 대상자로 선정되는 경우도 존재한다. 다만, 이는 예외적인 상황으로 대부분의 경우 과세관청이 파악한 납세자의 원천 금액이 취득한 부동산의 가액을 못 메꾸는 경우 대상자로 선정되게 된다.

고가 아파트 취득자·고액 전세입자 등 224명 자금출처조사 착수
– 부모 등으로부터 취득자금을 편법증여받은 30대 이하 집중 검증 –

◼ **(착수 배경)** 최근 서울 및 지방 일부 지역의 고가 주택 거래가 늘어나면서 정당하게 세금을 신고·납부하고 있는지에 대한 검증의 필요성이 증가하고 있습니다.

◼ **(조사 대상)** 이에 국세청은 해당 지역의 고가 아파트·주거용 오피스텔 취득자와 고액 전세입자 등 자금출처가 불분명한 탈세혐의자 224명에 대하여 동시 세무조사에 착수하였으며,

• 조사 대상자는 고도화된 NTIS(차세대국세행정시스템) 과세 정보와 국토교통부 자금조달계획서, 금융정보분석원(FIU) 정보 자료 등 유관기관과의 협조를 통해 자금흐름을 입체적으로 분석하여 선정하였습니다.

• 특히, 경제적 능력이 부족한 30대 이하가 부모 등으로부터 증여 재산 공제 한도액 5,000만 원(미성년자 2,000만 원)을 크게 초과하여 자금을 증여받고, 이를 신고하지 않은 혐의가 다수 포착되었으며,

• 조사 과정에서 금융조사 등을 통해 대상자 본인의 자금 원천뿐만 아니라 부모 등 친인척 간 자금흐름과 사업자금 유용 여부까지 추적하고, 차입금에 대한 사후관리도 철저히 하겠습니다.

◼ **(향후 계획)** 앞으로도 부동산 거래를 통한 탈루혐의에 대해 지속적인 검증을 실시하고, 현재 진행 중인 관계기관 합동조사 후 탈세의심(실거래가 위반, 증여의심 등)자료가 통보되면 면밀히 점검할 계획이므로 성실한 납세의무 이행을 당부드립니다.

출처 : 국세청 홈페이지 보도자료

강남권 등 가격 급등 지역 아파트 취득자 자금출처조사 대폭 확대
- 편법증여혐의자 등 총 532명 추가 세무조사 착수 -

▣ **(조사 성과)** 국세청은 '17. 8. 9 이후 3차례에 걸쳐 부동산 거래 관련 탈세혐의자 총 843명에 대해 세무조사에 착수하여 그중 633명에 대해 탈루세금 1,048억 원을 추징하였으며, 나머지 210명은 현재 조사 진행 중이다.

▣ **(추가조사 착수)** 세무 신고 내용 및 국토교통부 자금조달계획서 등 다양한 과세 인프라(기반)를 연계하여 분석한 결과,

• 서울 강남권 등 주택 가격이 급등하는 지역에서 주택 취득자금 원천이 불분명한 편법증여혐의자 등 532명에 대해 추가로 세무조사에 착수하게 되었습니다.

• 이번 조사 대상에는 작년 하반기 이후 강남권 등 고가 아파트 취득자 중 자금출처가 부족한 편법증여혐의자 상당수와 함께 기타 조합장 등 탈세혐의자가 선정되었습니다.

▣ **(향후 계획)** 주택 가격 급등 지역의 현장정보 수집과 유관기관과의 협력을 통해 재건축 등 고가의 아파트 거래는 전수 분석하고, 그 결과 탈세혐의자에 대해서는 엄정 대응할 것이다.

• 또한, 부동산 거래에 대한 자금출처 검증 대상을 대폭 확대해나감으로써 주택 취득자금 등 편법증여행위에 대해 세정상·제도상 대응역량을 강화할 예정이다.

출처 : 국세청 홈페이지 보도자료

국세청의 보도자료에서 보는 것처럼 편법증여 의심자를 대상으로 자금출처조사를 진행하지만, 정책적인 목적에 의해 주택 가격 급등 지역의 고가 아파트 거래에 대해 전수조사를 하는 경우도 있다. 부동산 운용 금액과 원천 금액의 차이 및 운용 금액과 원천 금액의 구성요소에 대해서는 이후 질문들에서 자세히 살펴보도록 하겠다.

조사 대상자에 선정되었던 조사자는 또 선정될까?

Question 조사 대상자에 선정되었던 조사자는 또 선정될까?

Answer 그렇지 않다. 부동산 세무조사의 경우 별개의 부동산 건별로 분석에 따라 그 대상자로 선정되는 만큼 특별한 사유가 발생하지 않는 한 기존에 조사 대상자에 선정됐다는 이유만으로 재조사자로 선정되지는 않는다. 다만, 부동산 세무조사 시 소명했던 부채의 경우 사후관리를 진행하게 되며, 사후관리라 함은 부채의 상환 여부, 상환했다면 어떤 원천으로 상환했는지 등을 확인하는 절차를 말한다.

국세기본법 제63조의2(세무조사를 다시 할 수 있는 경우)

법 제81조의4 제2항 제7호에서 "대통령령으로 정하는 경우"란 다음 각 호의 어느 하나에 해당하는 경우를 말한다(개정 2013. 2. 15, 2014. 2. 21, 2016. 2. 5, 2018. 2. 13, 2019. 2. 12).

1. 부동산 투기, 매점매석, 무자료 거래 등 경제질서 교란 등을 통한 세금탈루혐의가 있는 자에 대해서 일제 조사를 하는 경우

2. 과세관청 외의 기관이 직무상 목적을 위해 작성하거나 취득해 과세 관청에 제공한 자료의 처리를 위해 조사하는 경우

3. 국세환급금의 결정을 위한 확인 조사를 하는 경우

4. '조세범처벌절차법' 제2조 제1호에 따른 조세범칙행위의 혐의를 인정할 만한 명백한 자료가 있는 경우. 다만, 해당 자료에 대해서 '조세범 처벌절차법' 제5조 제1항 제1호에 따라 조세범칙조사심의위원회가 조세범칙조사의 실시에 관한 심의를 한 결과 조세범칙행위의 혐의가 없다고 의결한 경우에는 조세범칙행위의 혐의를 인정할 만한 명백한 자료로 인정하지 아니한다.

■ 상속세 및 증여세 사무처리규정 [별지 제17호 서식]

기 관 명
부채 상환에 대한 해명자료 제출 안내

문서번호 : 재산세과 −

○ 수신자   ○○○ 귀하

안녕하십니까? 항상 국세행정에 협조하여 주신 데 대하여 감사드립니다.

20   .   .   . 귀하의 상속세(증여세) 결정(또는 자금출처조사) 당시 인정(확인)

된 부채에 대하여 상환 여부를 확인하고자 하니 20   .   .   .까지 아래의 해명자

료를 제출하여 주시기 바랍니다(제출 요청 근거 : '상속세 및 증여세법' 제84조).

해명 요청 사항	해명 사항에 대한 증거 서류
− 상환 일자 : − 상환 금액 : − 상환 수단 : − 상환자금출처 :	

년   월   일

기 관 장

위 내용과 관련한 문의사항은 담당자에게 연락하시면 친절하게 상담해드리겠습니다.

◆ 담당자 : ○○세무서 ○○○과 ○○○조사관(전화 :   , 전송 :   )

백상지(80g/㎡) 또는 중질지(80g/㎡)

자금출처조사 시 원천으로 소명했던 부채와 관련해서는 조사가 끝났다고 끝나는 것이 아니라 이후에도 사후관리가 진행된다. 따라서 부채의 경우 6개월 단위로 사후관리를 진행하니, 조사 당시에 부채를 원천으로 소명했다면 조사가 끝난 이후에도 부채를 상환하는 자금에 대한 원천도 유의해야 한다. 쉽게 설명해서 10억 원짜리 부동산을 취득함에 있어 본인 소득 4억 원과 근저당 채무 6억 원으로 소명했다면, 이후 6억 원이 상환되었는지, 상환되었다면 어떤 돈으로 상환했는지에 대해서 사후관리를 하니 꼭 주의해서 부채를 상환해야 할 것이다.

지방에 집을 사면 세무조사가 안 나올까?

Q7

Question | 지방에 집을 사면 세무조사가 안 나올까?

Answer | 그렇지 않다. 부동산의 취득과 관련해서 운용 금액과 원천 금액의 차이가 있다면 대상자로 선정이 되는 것이지, 부동산의 소재지 여부에 따라 세무조사 여부가 결정이 되는 것은 아니다. 다만, 특정 구역에서 취득 시에 전수조사 등과 같은 정책목적상 실시하는 조사에 선정될 가능성은 낮아질 수 있다.

관련 법령 및 예규 | **제104조의2**(지정지역의 운영)

① 기획재정부장관은 해당 지역의 부동산 가격 상승률이 전국 소비자물가 상승률보다 높은 지역으로서 전국 부동산

가격 상승률 등을 고려할 때 그 지역의 부동산 가격이 급등했거나 급등할 우려가 있는 경우에는 대통령령으로 정하는 기준 및 방법에 따라 그 지역을 지정지역으로 지정할 수 있다.

② 제104조 제4항 제3호에서 "지정지역에 있는 부동산"이란 제1항에 따른 지정지역에 있는 부동산 중 대통령령으로 정하는 부동산을 말한다(개정 2016. 12. 20, 2017. 12. 19).

③ 제1항에 따른 지정지역의 지정과 해제, 그 밖에 필요한 사항을 심의하기 위해서 기획재정부에 부동산가격안정 심의위원회를 둔다.

④ 제1항에 따른 지정지역 해제의 기준 및 방법과 부동산가격안정 심의위원회의 구성 및 운용 등에 필요한 사항은 대통령령으로 정한다.

사례

시·도	현행	조정('20. 12. 18)
서울	서울 25개구	좌동
경기	과천시, 광명시, 성남시, 고양시, 남양주시, 하남시, 화성시, 구리시, 안양시, 수원시, 용인시, 의왕시, 군포시, 안성시, 부천시, 안산시, 시흥시, 오산시, 평택시, 광주시, 양주시, 의정부시, 김포시	좌동
	〈신규 지정〉	파주시
인천	중구, 동구, 미추홀구, 연수구, 남동구, 부평구, 계양구, 서구	좌동

시 · 도	현행	조정('20. 12. 18)
부산	해운대구, 수영구, 동래구, 연제구, 남구	서구, 동구, 영도구, 부산진구, 금정구, 북구, 강서구, 사상구, 사하구
대구	수성구	중구, 동구, 서구, 남구, 북구, 달서구, 달성군
광주	〈신규 지정〉	동구, 서구, 남구, 북구, 광산구
대전	동구, 중구, 서구, 유성구, 대덕구	좌동
울산	〈신규 지정〉	중구, 남구
세종	세종특별자치시	좌동
충북	청주시	좌동
충남	〈신규 지정〉	천안시 동남구, 서북구, 논산시, 공주시
전북	〈신규 지정〉	전주시 완산구, 덕진구
전남	〈신규 지정〉	여수시, 순천시, 광양시
경북	〈신규 지정〉	포항시 남구, 경산시
경남	〈신규 지정〉	창원시 성산구

Tip. 저자의 한마디 지방의 경우라도 주택 가격이 급상승한 지역들의 경우 투기지역 또는 조정대상지역으로 포함되고 있으며, 마찬가지로 그러한 지역들은 과세당국에서도 눈여겨보고 있는 지역이란 점을 명심해야 한다. 따라서 수도권이 아닌 지방이라고 해서 세무조사로부터 자유롭다는 생각은 금물이다.

20~30대 직장인이 강남 고가 오피스텔 또는 토지를 취득하면 조사 대상이 될까?

Question │ 20~30대 직장인이 강남 고가 오피스텔 또는 토지를 취득하면 조사 대상이 될까?

Answer │ 그렇지 않다. 반복해서 이야기하고 있지만, 조사 대상자 선정이란 운용 금액(쓴 돈) 대비 원천 금액(번 돈)이 부족한 경우에 선정되는 것으로, 단지 나이가 적다거나 부동산이 고가라고 조사 대상자로 선정되는 것은 아니다. 다만, 조사 대상자 선정 당시 나이가 어리다면 원천이 형성되기 어려우므로 과세관청에서는 예의 주시할 가능성이 있다.

Tip. 저자의 한마디   토지의 경우 주택 외 부동산인데 조사 대상자에 선정될 가능성이 있냐는 질문들을 많이 한다. 정부정책상 부동산 중 주택 위주로 자금출처조사를 진행하고 있지만, 그렇다고 주택 외 부동산은 조사가 나오지 않는 것은 아니다. 다시 한번 강조하자면 조사 대상자 선정의 원칙은 운용 금액(쓴 돈)과 원천 금액(번 돈)의 차이가 발생하는 경우이다.

부동산 자금출처조사는 부동산에 한정해서 조사가 이루어질까? 고급 외제차를 사도 세무조사가 나올까?

Question   부동산 자금출처조사는 부동산에 한정해서 조사가 이루어질까? 고급 외제차를 사도 세무조사가 나올까?

Answer   그럴 수 있다. 실무적으로는 고급 외제차만 취득할 경우 단독으로 조사자에 선정되는 경우는 거의 없고, 부동산 취득과 맞물려서 고급 외제차의 운용 금액도 포함되어 조사 대상자로 선정되게 된다. 국세청은 유관기관으로부터 자료를 수집해서 분석하기 때문에 차량등록원부상 등기된 소유자도 파악이 가능하다.

사례

한국예탁결제원	인천국제공항공사	한국농어촌공사	금융감독원	국민건강보험공단	농림축산식품부
예탁증권 등과 관련한 이자배당소득 지급 자료	어업에 대해 지급된 손실 보상급 지급 자료	수탁하는 종지의 임차료 지급 자료	검사받는 기관에 대한 검사 결과 자료 중 공시된 자료	가입자나 피부양자에게 지급된 금액 자료	농업소득 보전 직접 지불금 지급 대상자 자료

행정안전부	해양경찰청	외교부	법원행정처	임대사업자	지방자치단체
근저당권 자료	임차권 양도 자료	해외이주 신고 자료	근저당권 자료	임차원 양도 자료	등기 또는 등록 중 저당권, 가압류, 담보권의 설정 자료

대한적십자사	한국마사회	국토교통부	국토교통부	신용카드업자	여신전문금융업협회
재화의 공급 사실 자료	말 등록 자료	임대사업자의 등록, 변경 및 말소 자료	부동산종합공부의 등록사항 자료	인별, 카드별, 종류별 국내외 연간 사용액 자료	신용카드, 직불카드 및 선불카드 결제 관련 자료

Tip. 저자의 한마디 정부는 차세대 정보통신망(TIMS)을 사용해서 정보들을 전산화했고, 유관기관으로부터 필요한 자료를 데이터베이스화 해서 보관하는 등 납세자에 비해 월등하게 우월한 정보를 가지고 있다. 따라서 예전처럼 운 좋게 넘어가는 경우가 더는 없다고 생각하고 준비해야 한다.

용어설명

▶ **유관기관** (有關機關) : 관계나 관련이 있는 기관

부모님이 주신 전세금도 문제가 될까?

Question ┗ 부모님이 주신 전세금도 문제가 될까?

Answer ┗ 그렇다. 부모님으로부터 받은 전세보증금도 증여신고를 하지 않는 경우 세무조사 대상자로 선정될 수 있다. 주택을 구입하지 않고 전세계약을 하는 경우 자금조달계획서 제출 대상이 아니기 때문에 부모님으로부터 증여를 받고 신고하지 않아도 문제가 되지 않는다고 생각할 수 있다. 그러나 국세청은 국토교통부, 지방자치단체 등 관계기관을 통해서 관련 자료를 확보할 수 있기 때문에 자금출처가 명확하지 않은 고가의 전세계약자를 조사 대상자로 선정할 수 있다.

상속세 및 증여세법 제45조(재산취득자금 등의 증여 추정)

① 재산 취득자의 직업, 연령, 소득 및 재산 상태 등으로 볼 때 재산을 자력으로 취득했다고 인정하기 어려운 경우로서 대통령령으로 정하는 경우에는 그 재산을 취득한 때에 그 재산의 취득자금을 그 재산 취득자가 증여받은 것으로 추정해서 이를 그 재산 취득자의 증여 재산가액으로 한다.

상속세 및 증여세법 시행령 제34조(재산취득자금 등의 증여추정)

① 법 제45조 제1항 및 제2항에서 "대통령령으로 정하는 경우"란 다음 각 호에 따라 입증된 금액의 합계액이 취득재산의 가액 또는 채무의 상환 금액에 미달하는 경우를 말한다. 다만, 입증되지 아니하는 금액이 취득재산의 가액 또는 채무의 상환 금액의 100분의 20에 상당하는 금액과 2억 원 중 적은 금액에 미달하는 경우를 제외한다.

1. 신고했거나 과세(비과세 또는 감면받은 경우를 포함한다. 이하 이 조에서 같다)받은 소득금액

2. 신고했거나 과세받은 상속 또는 수증재산의 가액

3. 재산을 처분한 대가로 받은 금전이나 부채를 부담하고 받은 금전으로 당해 재산의 취득 또는 당해 채무의 상환에 직접 사용한 금액

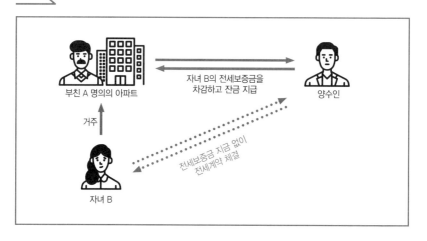

특별한 소득이 없는 B가 고가 아파트에 전세로 거주하고 있어 자산가인 부모의 전세자금 증여혐의로 조사 대상자로 선정되었다. 자금출처조사 결과, 부친 A가 본인 소유의 고가 아파트를 매도하면서 해당 아파트에 거주하는 자녀 B의 명의로 매수자와 전세계약을 체결하고 매매가격에서 전세보증금을 차감한 금액만 수취해서 이를 사실상 부친이 전세자금을 자녀에게 증여한 것으로 확인하고 증여세를 부과했다.

Tip. 저자의 한마디 고가의 전세보증금의 경우 자금출처조사 대상자에 선정될 가능성이 있다. 만약 전세보증금에 대한 조사가 나오지 않아 전세계약 시점에서는 문제가 되지 않는다 하더라도 나중에 다른 주택을 취득할 때 이전에 증여받은 전세보증금이 자금 원천으로 사용될 가능성이 크기 때문에 다른 주택 취득과 관련해서 세무조사를 받게 된다면 해당 전세보증금의 출처도 문제가 될 수 있다. 따라서 전세지금을 증여받은 시기에 증여신고를 했다면 추후에 해당 전세보증금으로 다른 주택을 취득할 때에는 해당 전세보증금에 대한 세무조사 걱정 없이 주택을 취득할 수 있다.

부동산 취득 시 대출 또는 차입 비율이 크면 세무조사를 받을 가능성이 커질까?

Question | 부동산 취득 시 대출 또는 차입 비율이 크면 세무조사를 받을 가능성이 커질까?

Answer | 그렇다. 자금조달계획서를 작성할 때 타인자본(빌린 돈)의 비율이 큰 경우 세무조사 대상자로 선정될 가능성도 커진다. 국세청에서 확인 가능한 주택담보대출을 제외한 신용대출은 그 사용처를 확인하기 어렵고, 가족이나 친인척, 지인들에게 빌린 돈의 경우 차입을 가장한 증여일 가능성이 크기 때문에 이를 검증하기 위해서 세무조사 대상자로 선정될 수 있다.

주택담보대출과 달리 신용대출의 경우 대출받은 금액을 부동산 취득 대금으로 사용했는지 여부를 국세청에서 확인할 수 없기 때문에 신용대출의 비율이 높은 경우 실질을 검증하기 위해서 세무조사 대상자로 선정될 수 있다.

국세청은 최근 부동산 거래를 분석해서, 자기자금(소득) 없이 100% 타인자본(빌린 돈)으로 부동산을 취득한 사람들의 편법 증여 여부에 대해 강도 높은 세무조사를 실시했다.

어느 30대 부부는 서울에 15억 원짜리 아파트를 샀는데, 자기자금은 2억 원에 불과했다. 나머지 13억 원은 임대보증금 5억 원 등 13억 원의 차입금으로 자금을 마련했다. 부부 공동으로 대출을 받았으나 차입금 규모가 과도하다는 정부의 판단으로 세무조사에 착수했고, 이 과정에서 차입을 가장한 편법증여 혐의를 포착해서 세금을 징수했다.

| 자금조달계획서 합계 |

(단위 : 억 원)

구분	취득금액	자기자금		차입금	
		금액	비중	금액	비중
1차	5,124	1,571	30.6%	3,553	69.4%
2차	6,492	2,003	30.9%	4,489	69.1%

* 차입금 : 금융기관·대출, 보증금 승계, 기타 차입금 등

지난 부동산 기획조사 시 관계기관 합동조사에서 의심스러운 거래로 국세청에 통보된 자금조달계획서 분석 결과, 차입금의 비중이 69%로 자기자금보다 훨씬 높은 비중을 차지하는 것으로 나타났다. 이를 보면, 차입금의 비중이 높을수록 세무조사 대상자로 선정될 가능성이 크다는 것을 알 수 있다.

　최근 국토교통부에서 자금조달계획서를 분석한 결과를 보면 차입금 비중이 절반 이상인 경우가 여전히 높게 나타났다. 이는 대부분의 사람들이 차입 없이 부동산을 취득하기 어렵다는 것을 보여주고 있는데, 차입이 많다고 해도 실질적인 차입 거래가 이루어졌고, 증빙을 잘 갖추고 있다면 세무조사를 받아도 충분히 소명이 가능하다. 가족이나 친인척에게 차입을 한 경우 상환 방법, 이자 지급 및 이자율 등을 적시해서 차용증을 작성하고, 실제로 이에 따라 이자를 지급한 내역을 확인할 수 있다면 가족 간 차입 거래도 인정받을 수 있다.

최근 금융당국이 은행들에게 신용대출이 주택구입 목적으로 이용되지 않도록 확인 절차를 강화하라는 지침을 내리면서, 주택구입을 위한 신용대출이 어려워지고 있다. 생활자금 용도로 설명하면 막을 방법은 없겠지만, 은행의 책임 요소를 줄이기 위해서 생활자금 용도로 대출을 받고, 이외의 용도로 사용한 경우 대출금을 바로 상환해야 하는 제재를 가하고 있어 신용대출로 주택을 취득한다면 자금출처조사에서는 원천이 확인되어 문제가 없어도 대출금을 바로 상환해야 하는 문제가 발생할 수 있으니 사전에 미리 확인해보는 것이 좋다.

갭투자를 하면
세무조사를 받을까?

Question 갭투자를 하면 세무조사를 받을까?

Answer 그렇지 않다. 갭투자를 했다고 해서 세무조사를 받지는 않는다. 전세 임차인이 있는 부동산을 취득하는 경우 전세보증금을 부동산 매매계약서상에서 확인 가능하기 때문에 자금조달계획서 제출로 국세청에서 충분히 그 내용을 확인할 수 있다. 따라서 부동산 취득 시 자금조달계획서상 임대보증금액을 정확히 기입하고 이에 대한 증빙을 제출했다면, 임대보증금 외 다른 자금에 문제가 있지 않는 한 갭투자를 했다고 해서 세무조사가 나오지는 않는다. 다만, 갭투자를 한 경우 그만큼 자기자금의 비율이 적고 타인자본의 비율이 높기 때문에 조사 대상자로 선정될 가능성은 높아진다.

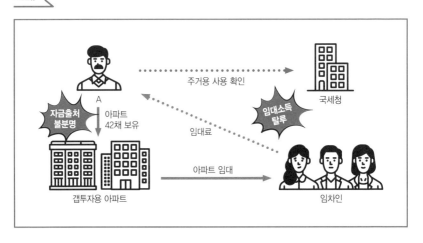

2020년 8월 국세청 보도자료에 따르면, 2년 만에 아파트 42채를 갭투자한 미국인에 대해서 세무조사에 착수했다고 한다. 그는 아파트 수십 채를 사들일 만큼 한국 내 소득이 많지 않고, 보유한 재산도 그에 미치지 못했으며 외환 국제송금으로 수령한 금액도 없어, 갭투자를 했다고 해도 상당한 자금의 출처가 불분명했기 때문에 세무조사를 받게 되었다. 세무조사 결과, 그는 보유한 아파트를 임대해 수입을 올렸는데 임대소득을 축소해서 신고한 것으로 드러나 누락한 소득에 대해서 세금을 추징당했다. 이 사례의 경우 자금의 원천이 충분히 확인되지 않은 사람이 단기간 여러 채의 주택을 구입했기에 세무조사로 이어진 것이다.

Tip. 저자의 한마디 일반적인 갭투자의 경우는 문제가 되지 않지만, 임대보증금을 승계받아 소액투자로 고가의 부동산을 취득한 후 임대보증금을 부모에게 받아서 임차인에게 돌려주는 편법증여를 이용한 경우도 조사 사례로 다수 보도되는 만큼, 조사 대상자로 선정될 가능성이 높아지는 것은 분명하니 고가의 전세보증금인 경우는 증여신고를 하는 것을 추천한다.

고가의 부동산을 취득할수록
세무조사의 확률이 높아질까?

Question ⌐ 고가의 부동산을 취득할수록 세무조사의 확률이 높아질까?

Answer ⌐ 그렇다. 국세청은 지난해 부동산 거래분에 대해서 고가 주택 위주로 금융정보분석원 정보, 자금조달계획서, 국세행정시스템의 다양한 과세 정보로 탈루혐의를 분석해서 조사 대상자를 선정했다. 적은 나이에 고가의 부동산을 취득할 만한 소득이 있다고 보기는 어렵기 때문에 부동산을 취득하는 과정에서 편법증여가 있었을 것이라는 판단으로 이를 검증하고자 세무조사 대상자로 선정한 것이다.

관련 법령 및 예규 **상속세 및 증여세법 제45조**(재산취득자금 등의 증여
추정)

① 재산 취득자의 직업, 연령, 소득 및 재산 상태 등으로 볼 때 재산을
자력으로 취득했다고 인정하기 어려운 경우로서 대통령령으로 정하
는 경우에는 그 재산을 취득한 때에 그 재산의 취득자금을 그 재산
취득자가 증여받은 것으로 추정해서 이를 그 재산 취득자의 증여 재
산가액으로 한다.

상속세 및 증여세법 시행령 제34조(재산취득자금 등의 증여추정)

① 법 제45조 제1항 및 제2항에서 "대통령령으로 정하는 경우"란 다음
각 호에 따라 입증된 금액의 합계액이 취득재산의 가액 또는 채무의
상환 금액에 미달하는 경우를 말한다. 다만, 입증되지 아니하는 금
액이 취득재산의 가액 또는 채무의 상환 금액의 100분의 20에 상당
하는 금액과 2억 원 중 적은 금액에 미달하는 경우를 제외한다.

1. 신고했거나 과세(비과세 또는 감면받은 경우를 포함한다. 이하 이 조
에서 같다)받은 소득금액

2. 신고했거나 과세받은 상속 또는 수증재산의 가액

3. 재산을 처분한 대가로 받은 금전이나 부채를 부담하고 받은 금전
으로 당해 재산의 취득 또는 당해 채무의 상환에 직접 사용한 금액

사례

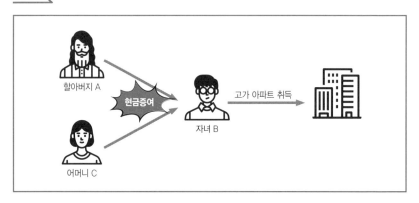

지방에서 소규모 자영업을 하고 있는 30대가 거액의 전세보증금을 끼고 서울 소재 고가 아파트를 취득했으나, 자금출처가 부족해서 조사 대상자로 선정되었다. 조사 결과, 고가 아파트 취득 과정에서 부족한 자금을 할아버지와 어머니로부터 수증받은 현금으로 조달했음을 확인하고 증여세를 부과했다.

Tip. 저자의 한마디 세무조사 대상자를 선정할 때 취득자의 나이도 고려하기 때문에 20대보다는 30대가, 30대보다는 40대가 대상자로 선정될 가능성이 낮아진다. 따라서 20대 후반이거나 30대 후반인 경우 몇 년 기다려서 나이대가 바뀐 이후에 부동산을 취득하는 것도 세무조사를 피할 수 있는 하나의 방법이다.

소득금액증명원상 내 소득이 10억 원이라면 9억 원의 부동산을 취득해도 문제가 없을까?

Question | 소득금액증명원상 내 소득이 10억 원이라면 9억 원의 부동산을 취득해도 문제가 없을까?

Answer | 그렇지 않다. 국세청은 소득지출분석시스템(PCI)을 이용해서 신고된 소득에 비해 재산 증가액과 소비 지출액이 과도한 경우 취득자금 등에 대한 세무조사를 실시한다. 예를 들어 신고된 소득이 10억 원이고 재산 증가액(부동산 취득액)이 9억 원인데, 소비 지출액(카드 사용액 등)이 4억 원인 경우 3억 원의 입증 부족액이 나와 세무조사 대상자로 선정될 가능성이 있다. 즉, 국세청은 소득금액증명원상 소득(번 돈)뿐 아니라 신용카드 사용액 등의 운용 금액(쓴 돈)까지 고려해서 판단한다.

상속세 및 증여세법 제45조(재산취득자금 등의 증여 추정)

① 재산 취득자의 직업, 연령, 소득 및 재산 상태 등으로 볼 때 재산을 자력으로 취득했다고 인정하기 어려운 경우로서 대통령령으로 정하는 경우에는 그 재산을 취득한 때에 그 재산의 취득자금을 그 재산 취득자가 증여받은 것으로 추정해서 이를 그 재산 취득자의 증여 재산가액으로 한다.

상속세 및 증여세법 시행령 제34조(재산취득자금 등의 증여추정)

① 법 제45조 제1항 및 제2항에서 "대통령령으로 정하는 경우"란 다음 각 호에 따라 입증된 금액의 합계액이 취득재산의 가액 또는 채무의 상환 금액에 미달하는 경우를 말한다. 다만, 입증되지 아니하는 금액이 취득재산의 가액 또는 채무의 상환 금액의 100분의 20에 상당하는 금액과 2억 원 중 적은 금액에 미달하는 경우를 제외한다.

1. 신고했거나 과세(비과세 또는 감면받은 경우를 포함한다. 이하 이 조에서 같다)받은 소득금액

2. 신고했거나 과세받은 상속 또는 수증재산의 가액

3. 재산을 처분한 대가로 받은 금전이나 부채를 부담하고 받은 금전으로 당해 재산의 취득 또는 당해 채무의 상환에 직접 사용한 금액

Tip. 저자의 한마디 부동산을 취득하기에 앞서 소득금액증명원상의 소득과 재산취득 내역, 신용카드 등 소득공제받은 내역 등을 확인해서 나의 소득에서 재산 취득액, 소비지출액을 차감한 가용 금액이 얼마인지를 미리 확인해보는 것이 좋다. 만약 나의 가용 금액이 부동산 취득 대금보다 부족하다면 전문가와의 상담을 통해서 부동산을 계획적으로 취득하는 것을 추천한다.

신고하지 않은 소득으로 부동산을 매입하는 경우 어떻게 될까?

Question 신고하지 않은 소득으로 부동산을 매입하는 경우 어떻게 될까?

Answer 본인의 미신고된 소득으로 부동산을 취득하는 경우, 신고된 소득금액과의 차이가 발생하므로 국세청은 해당 자금에 대해 탈루혐의가 있다고 보아 세무조사 대상자로 선정할 가능성이 높다. 세무조사를 받게 된다면 해당 자금에 대해서 신고가 누락된 것을 확인하게 되고, 해당 소득금액에 대한 소득세 및 가산세까지 추징당하게 되며, 사업자인 경우 해당 사업장까지도 세무조사가 확대될 수 있다.

사례

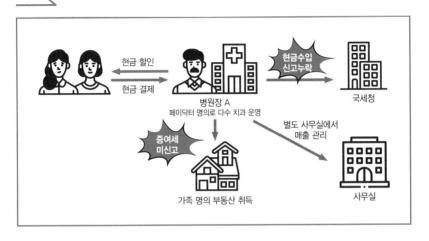

현금 할인
현금 결제
병원장 A
페이닥터 명의로 다수 치과 운영

현금수입
신고누락

국세청

증여세
미신고

별도 사무실에서
매출 관리

가족 명의 부동산 취득

사무실

병원장 A는 페이닥터 명의로 다수의 치과병원을 운영하면서 병원별 수입 금액 자료를 별도 사무실에서 관리하며 소득을 분산했다. A는 임플란트 시술이 비급여 항목으로 노출되지 않는 점을 이용해서 할인을 미끼로 현금 결제를 유도한 뒤 해당 결제액은 전산에 입력누락하고, 차트에 별도 관리하는 방법으로 소득을 탈루했다. 그리고 탈루한 소득은 가족명의 부동산 취득자금으로 증여하고 증여세 신고도 하지 않았다. 결국 A는 소득세 수십 억 원을 추징당하고 조세범처벌법에 따라 통고 처분되었다.

Tip. 저자의 한마디 미신고된 소득금액으로 부동산을 취득하고자 한다면, 취득 전 자진해서 기한후신고를 하는 것이 좋다. 부동산 취득 전 신고하는 경우, 이 신고서를 증빙으로 제출해서 나의 소득금액을 증명할 수 있다. 또한 기한후신고에 대한 가산세는 신고기한이 지난 후 6개월 내에 신고한다면, 가산세 감면이 가능하고, 납부지연가산세는 납부기한으로부터 매일 0.025% 발생하기 때문에 하루라도 먼저 신고하는 것이 세 부담 측면에서도 훨씬 유리하다.

부동산을 취득하면 무조건 조사 대상자에 선정될까?

Question 부동산을 취득하면 무조건 조사 대상자에 선정될까?

Answer 그렇지 않다. 부동산을 취득한다고 해서 무조건 세무조사 대상자에 선정되지는 않는다. 국세청은 32개의 관계기관으로부터 부동산 취득자의 재산 증가액 및 소비지출, 신고소득금액에 대한 정보를 수집한다. 이러한 정보를 바탕으로 소득지출분석시스템(PCI)을 통해 탈루혐의가 있는 금액을 산출하게 된다. 예를 들어 A가 부동산을 취득하면서 소유권 이전 등기를 하면 국세청은 지자체로부터 등기등록에 관한 정보를 받아 재산 증가 사실을 알게 되고, A가 매년 연말정산 시 제출한 신용카드, 현금영수증 사용액 등으로 소비 자료를 수집해서 재산 증가 금액과 소비액의 합계에서 신고된 소득금액을 차감한 탈루혐의금액을 산출한다. 이러한 탈루혐의금액과 그 외 각

종 금융자료를 수집해서 세무조사 대상자를 선정한다.

상속세 및 증여세법 사무처리 규정 제1조2(정의)

　11. "자금출처조사"란 거주자 또는 비거주자의 재산 취득(해외 유출 포함), 채무의 상환 등에 소요된 자금과 이와 유사한 자금의 원천이 직업·연령·소득 및 재산 상태 등으로 보아 본인의 자금능력에 의한 것이라고 인정하기 어려운 경우, 그 자금의 출처를 밝혀 증여세 등의 탈루 여부를 확인하기 위해서 행하는 세무조사를 말한다.

상속세 및 증여세법 제45조(재산취득자금 등의 증여추정)

① 재산 취득자의 직업, 연령, 소득 및 재산 상태 등으로 볼 때 재산을 자력으로 취득했다고 인정하기 어려운 경우로서 대통령령으로 정하는 경우에는 그 재산을 취득한 때에 그 재산의 취득자금을 그 재산 취득자가 증여받은 것으로 추정해서 이를 그 재산 취득자의 증여 재산가액으로 한다.

상속세 및 증여세법 시행령 제34조(재산취득자금 등의 증여추정)

① 법 제45조 제1항 및 제2항에서 "대통령령으로 정하는 경우"란 다음 각 호에 따라 입증된 금액의 합계액이 취득재산의 가액 또는 채무의 상환 금액에 미달하는 경우를 말한다. 다만, 입증되지 아니하는 금

액이 취득재산의 가액 또는 채무의 상환 금액의 100분의 20에 상당
하는 금액과 2억 원 중 적은 금액에 미달하는 경우를 제외한다.

1. 신고했거나 과세(비과세 또는 감면받은 경우를 포함한다. 이하 이 조
   에서 같다)받은 소득금액

2. 신고했거나 과세받은 상속 또는 수증재산의 가액

3. 재산을 처분한 대가로 받은 금전이나 부채를 부담하고 받은 금전
   으로 당해 재산의 취득 또는 당해 채무의 상환에 직접 사용한 금액

사례

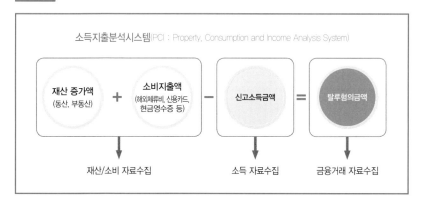

Tip. 저자의 한마디   부동산을 취득할 예정이라면, 계좌 내역 등을 통
해서 사전에 탈루혐의금액 등을 계산할 수 있다.
이를 통해서 조사 대상자 선정 여부를 예측할 수 있으며, 해당 탈루혐

의금액이 부동산 취득금액의 20%(취득금액의 20%가 2억 원을 초과한다면 2억 원)보다 크다면, 조사 대상자로 선정될 가능성이 높으므로 미리 대비하길 바란다.

부모님 명의 부동산을 저가로 매수하는 경우 문제가 될까?

Question 부모님 명의 부동산을 저가로 매수하는 경우 문제가 될까?

Answer 그렇다. 부모님 명의 부동산을 시가보다 낮은 가격으로 매수하는 경우 시가와의 차액이 일정 금액 이상이면 해당 거래를 조세 회피 의도가 있는 것으로 보아 부동산을 양도한 부모님은 추가적인 양도소득세가 부과되고, 부동산을 매수한 자녀는 차액만큼의 증여를 한 것으로 보아 증여세가 부과된다. 이는 부모님과 같은 특수관계인 사이의 거래는 엄격하게 판단하기 때문이다.

관련 법령 및 예규 **소득세법 제101조**(양도소득의 부당행위계산)

① 납세지 관할 세무서장 또는 지방국세청장은 양

도소득이 있는 거주자의 행위 또는 계산이 그 거주자의 특수관계인과의 거래로 인해서 그 소득에 대한 조세 부담을 부당하게 감소시킨 것으로 인정되는 경우에는 그 거주자의 행위 또는 계산과 관계없이 해당 과세 기간의 소득금액을 계산할 수 있다.

소득세법 시행령 제98조(부당행위계산부인)

② 법 제41조에서 조세 부담을 부당하게 감소시킨 것으로 인정되는 경우는 다음 각 호의 어느 하나에 해당하는 경우로 한다. 다만, 제1호부터 제3호까지 및 제5호(제1호부터 제3호까지에 준하는 행위만 해당한다)는 시가와 거래가액의 차액이 3억 원 이상이거나 시가의 100분의 5에 상당하는 금액 이상인 경우만 해당한다.

   1. 특수관계인으로부터 시가보다 높은 가격으로 자산을 매입하거나 특수관계인에게 시가보다 낮은 가격으로 자산을 양도한 경우

상속세 및 증여세법 제35조(저가 양수 또는 고가 양도에 따른 이익의 증여)

① 특수관계인 간에 재산(전환사채 등 대통령령으로 정하는 재산은 제외한다. 이하 이 조에서 같다)을 시가보다 낮은 가액으로 양수하거나 시가보다 높은 가액으로 양도한 경우로 그 대가와 시가의 차액이 대통령령으로 정하는 기준 금액(이하 이 항에서 "기준 금액"이라 한다) 이상인 경우에는 해당 재산의 양수일 또는 양도일을 증여일로 해서 그 대가와 시가의 차액에서 기준 금액을 뺀 금액을 그 이익을 얻은 자의 증

여 재산가액으로 한다.

상속세 및 증여세법 시행령 제26조(저가 양수 또는 고가 양도에 따른 이익의 계산 방법 등)

② 법 제35조 제1항에서 "대통령령으로 정하는 기준 금액"이란 다음 각 호의 금액 중 적은 금액을 말한다.

  1. 시가(법 제60조부터 제66조까지의 규정에 따라 평가한 가액을 말한다. 이하 이 조에서 "시가"라 한다)의 100분의 30에 상당하는 가액

  2. 3억 원

사례 │ 특수관계인에게 재산을 저가로 양도하는 경우, 시가와 거래가의 차액이 3억 원 이상이거나 시가의 5% 이상이면 실제 거래한 가액에 관계없이 시가를 양도가액으로 보아 양도자에게 양도소득세를 과세하고, 시가와 거래가의 차액이 3억 원 이상이거나 시가의 30% 이상에 해당하면 양수자에게 증여세를 과세한다. 이때 과세되는 증여 재산가액은 시가와 실제 거래한 가액의 차액에서 3억 원과 시가의 30% 중 적은 금액을 뺀 가액이 된다. 예를 들어, 어머니가 자녀에게 시가 12억 원인 아파트를 8억 원에 저가 양도한 경우, 어머니에게는 양도가액을 12억 원으로 보아 양도소득세가 과세되고, 자녀는 1억 원(12억 원 - 8억 원 - MIN.(3억 원, 12억 원×30%))을 증여 재산가액으로 보

아 증여세가 과세된다.

Tip. 저자의 한마디   자녀 등 특수관계인에게 저가로 부동산을 양도
하는 경우, 양도한 재산의 시가와 실제 거래한
가액의 차액이 3억 원 이상이거나 시가의 5% 이상인 경우에 한해서만
앞의 부당행위계산 규정이 적용되기 때문에 시가의 5% 범위 내에서 거
래를 하는 것이 좋다.

증여받은 금액 중
부동산 취득자금에 쓰인
일부만 신고해도 문제없을까?

Question 증여받은 금액 중 부동산 취득자금에 쓰인 일부만 신고해도 문제없을까?

Answer 그렇지 않다. 증여받은 금액이 10억 원인데 6억 원의 부동산을 취득해서 6억 원만을 증여로 신고한다면 지금 시점에서는 문제가 되지 않을 수 있으나, 추후 미신고된 4억 원으로 다른 부동산을 취득하게 되거나 채무 상환 등의 사유로 적발되어 세무조사를 받게 될 경우 문제될 수 있다.

사례

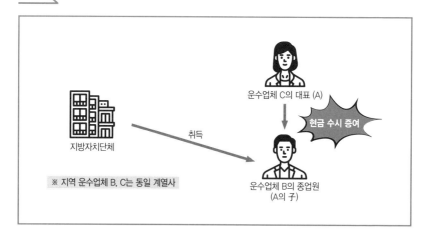

운수업체 C의 대표 (A)

현금 수시 증여

지방자치단체

취득

※ 지역 운수업체 B, C는 동일 계열사

운수업체 B의 종업원
(A의 子)

운수업체 대표가 동일 계열사에 근무하는 아들에게 거액의 현금을 증여하고, 강남구 소재 고가 아파트를 취득하게 했다. 이 과정에서 증여금액 중 일부만 증여세 신고를 해서 차액 분의 증여세를 탈루했다가 적발되어 증여세 수억 원을 추징당했다.

Tip. 저자의 한마디 만약 이전 부동산 취득 시, 증여받은 금액 중 부동산 취득금액만큼만 증여신고했다면, 추후 부동산 취득 등의 사유 발생 시, 미신고된 나머지 금액만큼 추가로 증여세를 신고한 후 진행하는 것이 납부지연가산세 등의 불이익을 줄일 수 있다.

통장에 예금된 금액이 있으면 자금출처로 사용 가능할까?

Question 통장에 예금된 금액이 있으면 자금출처로 사용 가능할까?

Answer 그렇지 않다. 자금출처 입증 시, 통장 잔액도 중요하지만, 통장에 예금된 금액의 출처를 입증할 수 있는 경우에만 부동산 취득의 자금출처로 사용할 수 있다. 예금된 금액이 부동산 취득자의 신고된 소득으로 충분히 가능할 정도로 크지 않은 경우에는 자금출처로 사용이 가능하다. 그러나 신고된 소득보다 더 많은 예금액이 있는 경우 그 예금액의 출처가 증여받은 금액이라든가, 다른 자산 처분 대금 등으로 입증 가능한 경우에만 문제없이 자금출처로 사용이 가능하다.

상속세 및 증여세법 제45조(재산취득자금 등의 증여
추정)

① 재산 취득자의 직업, 연령, 소득 및 재산 상태 등으로 볼 때 재산을
자력으로 취득했다고 인정하기 어려운 경우로서 대통령령으로 정하는
경우에는 그 재산을 취득한 때에 그 재산의 취득자금을 그 재산 취득자
가 증여받은 것으로 추정해서 이를 그 재산 취득자의 증여 재산가액으
로 한다.

상속세 및 증여세법 시행령제34조(재산취득자금 등의 증여추정)

① 법 제45조 제1항 및 제2항에서 "대통령령으로 정하는 경우"란 다음
각 호에 따라 입증된 금액의 합계액이 취득재산의 가액 또는 채무의 상
환 금액에 미달하는 경우를 말한다. 다만, 입증되지 아니하는 금액이
취득재산의 가액 또는 채무의 상환 금액의 100분의 20에 상당하는 금
액과 2억 원 중 적은 금액에 미달하는 경우를 제외한다.

1. 신고했거나 과세(비과세 또는 감면받은 경우를 포함한다. 이하 이 조에서
   같다)받은 소득금액

2. 신고했거나 과세받은 상속 또는 수증재산의 가액

3. 재산을 처분한 대가로 받은 금전이나 부채를 부담하고 받은 금전으
   로 당해 재산의 취득 또는 당해 채무의 상환에 직접 사용한 금액

사례 2018년 국세청은 과세 정보와 인프라를 활용해서 소득, 재산 현황 및 변동 내역, 세금 신고 내역 등을 종합적으로 분석한 결과, 본인의 능력이 없음에도 고액의 예금, 부동산 등을 취득한 268명에 대해 세무조사에 착수했다. 고액 금융 자산 보유 미성년자에 대해서는 자금 원천을 추적, 증여세 탈루 여부는 물론, 증여자의 사업소득 탈루 여부 등 자금조성 경위 및 적법성에 대해서도 조사를 실시하겠다고 밝혔다.

한 예로 2019년 10대 청소년 A군은 11억 원짜리 아파트를 샀다. 자금조달계획서에는 본인 예금액 6억 원과 차입금(임대보증금) 5억 원으로 매매 자금을 마련했다고 썼다. 하지만 국세청은 마땅한 직업과 소득이 없는 미성년자가 현금 6억 원을 마련했다는 점에서 불법 증여를 의심해서 세무조사를 진행했다.

Tip. 저자의 한마디 통장에 예금된 금액이 증여 또는 부동산 처분 대금으로 형성되었다면, 자금조달계획서를 작성할 때 금융기관 예금액 칸이 아닌 그 예금액의 실제 원천이 되는 칸에 적는 것이 좋다. 입금 원인이 증여라면 증여란에 기재, 부동산 처분이라면 부동산 처분 대금란에 기재해야 자금 원천을 바로 확인할 수 있어서 세무조사 대상자로 선정될 가능성이 낮아진다.

미성년인 자녀에게 현금을 증여해서 부동산을 취득하고 싶은데 문제가 될까?

Question 미성년인 자녀에게 현금을 증여해서 부동산을 취득하고 싶은데 문제가 될까?

Answer 그렇지 않다. 자녀가 부동산을 취득하기 전에 취득 대금을 증여하고 정확히 신고했다면 문제가 되지 않는다. 일반적으로 미성년자는 소득이 없기 때문에 부동산을 취득하게 되면 자력으로 취득했다고 볼 수 없어 세무조사 대상자로 선정될 가능성이 높다. 그러나 부동산을 취득하기 전에 자녀에게 미리 현금을 증여하고 이를 정확하게 신고했다면 자녀는 증여한 금액만큼의 자산이 형성되며, 국세청에서도 이를 확인할 수 있기 때문에 문제가 되지 않는다.

상속세 및 증여세법 제45조(재산취득자금 등의 증여
추정)

① 재산 취득자의 직업, 연령, 소득 및 재산 상태 등으로 볼 때 재산을
자력으로 취득했다고 인정하기 어려운 경우로서 대통령령으로 정하
는 경우에는 그 재산을 취득한 때에 그 재산의 취득자금을 그 재산
취득자가 증여받은 것으로 추정해서 이를 그 재산 취득자의 증여 재
산가액으로 한다.

상속세 및 증여세법 시행령 제34조(재산취득자금 등의 증여추정)

① 법 제45조 제1항 및 제2항에서 "대통령령으로 정하는 경우"란 다음
각 호에 따라 입증된 금액의 합계액이 취득재산의 가액 또는 채무의
상환 금액에 미달하는 경우를 말한다. 다만, 입증되지 아니하는 금
액이 취득재산의 가액 또는 채무의 상환 금액의 100분의 20에 상당
하는 금액과 2억 원 중 적은 금액에 미달하는 경우를 제외한다.

1. 신고했거나 과세(비과세 또는 감면받은 경우를 포함한다. 이하 이 조
   에서 같다)받은 소득금액

2. 신고했거나 과세받은 상속 또는 수증재산의 가액

3. 재산을 처분한 대가로 받은 금전이나 부채를 부담하고 받은 금전
   으로 당해 재산의 취득 또는 당해 채무의 상환에 직접 사용한 금액

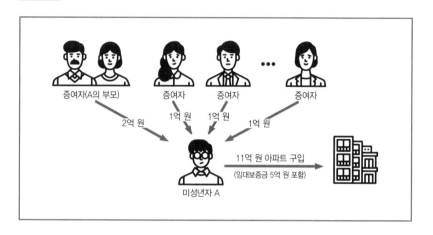

미성년자 A는 2020년 6월 부모에게 2억 원, 친척 4명에게 1억 원씩 총 6억 원을 증여받았다. 여기에 임대보증금 5억 원을 보태 8월 서울 서초구에 11억 원짜리 아파트를 매입했다. 이 과정에서 국세청은 A의 부모가 증여세를 낮추기 위해 친척들에게 돈을 보낸 뒤 다시 돌려받은 '분할 증여' 혐의를 포착해서 세무조사에 착수했다. 과세표준 기준으로 6억 원을 한 번에 증여하면 세율이 30%에 달하지만 이를 쪼개 1억 원 씩 증여할 경우 10%로 낮아지는 점을 활용한 꼼수이기 때문이다.

Tip. 저자의 한마디 부모가 자녀에게 증여하면 10년을 기준으로 성 인의 경우는 5,000만 원, 미성년자의 경우 2,000만 원 공제를 받을 수 있다. 따라서 자녀가 곧 성인이 된다면 그

때까지 기다린 후 증여할 경우 5,000만 원까지 공제받을 수 있어 증여
세를 낮출 수 있다.

과세 관청 정보분석시스템 및 과세 관청의 시각

자금출처 세무조사는
어떻게 진행될까?
갑자기 들이닥치는 걸까?

Question 자금출처 세무조사는 어떻게 진행될까?

갑자기 들이닥치는 걸까?

Answer 그렇지 않다. 자금출처 세무조사의 경우 조사를 시작하

기 15일 전에 사전통지를 하고 조사가 개시된다. 불시

에 들이닥쳐 조사가 개시되는 경우는 사전통지를 하면 증거인멸 등으

로 조사 목적을 달성할 수 없는 경우에 시행하는 특별 세무조사의 경우

를 말하며, 자금출처 세무조사의 경우 대부분이 사업자가 아닌 개인을

대상으로 진행되는 만큼 불시에 조사가 진행될 가능성은 매우 낮다.

국세기본법 제81조의7(세무조사의 통지와 연기 신청)

① 세무공무원은 세무조사를 하는 경우에는 조사를 받을 납세자에게 조사 시작 15일 전에 조사 대상 세목, 조사 기간 및 조사 사유, 그 밖에 대통령령으로 정하는 사항을 통지해야 한다. 다만, 사전통지를 하면 증거인멸 등으로 조사 목적을 달성할 수 없다고 인정되는 경우에는 그러하지 아니하다.

사례

🏛 **국세청**
National Tax Service

서울지방국세청

수신자

제 목   세무조사 사전 통지

귀하(귀사)에 대한 세무조사를 실시하기에 앞서 아래와 같이 알려드립니다.

(근거:「국세기본법」 제81조의7제1항 및 같은 법 시행령 제63조의6)

납세자	상 호 (성 명)		사업자등록번호 (생 년 월 일)	
	사업장 (주 소)			
		증여세		
		2014 년 01 월 01 일 ~ 2019 년 10 월 31 일		
		2020 년 03 월 06 일 ~ 2020 년 04 월 24 일		
		국세기본법 제81조의6 제4항 규정에 따라 과세표준과 세액을 결정하기 위하여 세무조사 실시		
	세목:	과세기간:		범위:

만약 귀하(귀사)가 「국세기본법 시행령」 제63조의7제1항에 해당하는 사유가 있으면 세무조사의 연기를 신청할 수 있습니다.
※「국세기본법 시행령」 제63조의7제1항에 해당하는 사유
  1. 화재, 그 밖의 재해로 사업상 심각한 어려움이 있을 때
  2. 납세자 또는 납세관리인의 질병, 장기 출장 등으로 세무조사가 곤란하다고 판단될 때
  3. 권한 있는 기관에 장부, 증거서류가 압수되거나 영치되었을 때
  4. 제1호부터 제3호까지의 규정에 준하는 사유거나 있을 때. 끝.

서울지방국세청장 🔳

앞의 '사전예고통지서'의 조사 기간을 보면 알 수 있듯이, 조사가 언제부터 시작되는지 사전에 알 수 있게 된다.

Tip. 저자의 한마디 ⌐ 일반적으로 자금출처 세무조사(증여세 세무조사)의 경우 거의 대부분 조사 시작 전에 세무조사 사전예고통지서를 받게 된다. 이것을 잘 확인해서 언제부터 조사가 시작되는지 검토해야 하며, 조사가 시작되기 전에 세무대리인을 선임해서 어떤 쟁점을 조사관이 파악하고 있는지 먼저 확인하는 것이 중요하다. 세무조사 사전예고통지서를 확인해서 조사 대상 연도와 조사 기간, 쟁점 세목 등을 확인해야 하며, 조사 방향을 사전에 설계해서 대응해야 한다. 조사 대응과 관련된 자세한 내용은 Part 03을 참고하길 바란다.

조사 결과가 억울하다면 권리구제 절차는 무엇이 있을까?

Question 조사 결과가 억울하다면 권리구제 절차는 무엇이 있을까?

Answer 조사 결과가 나온 후 결과가 억울하다면 납세자는 조세 불복 절차를 통해 결과에 대해 이의를 제기할 수 있다. 절차로는 이의신청, 심사청구, 심판청구, 감사원 심사청구, 행정소송의 방법이 있다. 원칙적으로 이의신청(선택사항) 후 심사청구 또는 심판청구 중 하나를 선택해서 진행하거나 이의신청 없이 바로 감사원 심사청구를 진행할 수 있다. 앞의 세 가지 방법을 통해서도 부당한 세금 부과 처분을 받았다면 마지막에 조세행정소송을 통해 이의를 제기할 수 있다.

국세기본법 제55조(불복)

① 이 법 또는 세법에 따른 처분으로서 위법 또는 부당한 처분을 받거나 필요한 처분을 받지 못함으로 인해서 권리나 이익을 침해당한 자는 이 장의 규정에 따라 그 처분의 취소 또는 변경을 청구하거나 필요한 처분을 청구할 수 있다.

사례

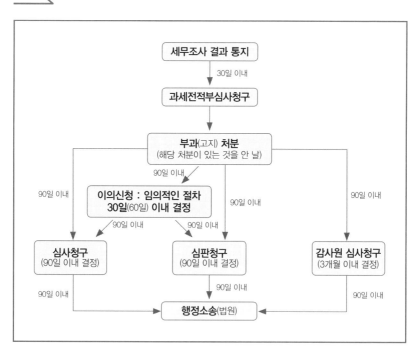

조세불복 절차는 기본적으로 심사청구 또는 심판청구를 통한 한 번의 기회가 있지만 선택에 따라 이의신청 절차를 진행한 후 납세자의 주장이 받아들여지지 않을 경우 다시 한번 심사청구, 심판청구를 할 수 있다. 조세불복 절차를 진행하기 위해서는 형식적인 요건을 꼭 갖춰야 하는데, 부과 처분, 즉 해당 처분이 있는 것을 안 날로부터 90일 내에 진행해야 한다는 것을 기억해야 한다. 형식적인 요건을 갖추지 못했을 경우 애초에 심사 대상에서 제외되기 때문이다.

또한 세무조사의 결과가 안 좋게 나왔다는 것은 세무조사 대응을 제대로 하지 못했다는 것과 같다. 세무조사를 받은 후 조세불복을 진행한다는 것은 세무조사 대응을 하면서 분명히 조세불복에서 이야기할 내용들을 주장했음에도 불구하고 담당 조사관에게 받아들여지지 않았다는 뜻이기 때문이다. 우리나라의 조세불복 인용률은 약 20%로 상당히 낮다. 따라서 조세불복에서 해결하는 것보다 세무조사 때 적절한 소명을 통해 원하는 결과를 만들어내는 것을 추천한다.

자금출처조사를 받게 된다면 조사 기간은 며칠 정도 될까?

Question 자금출처조사를 받게 된다면 조사 기간은 며칠 정도 될까?

Answer 일반적인 증여세조사(자금출처 세무조사)의 경우 보통 4~6주의 기간 동안 세무조사를 받게 된다. 만약 세무조사 대응 자료를 준비함에 있어서 시간이 부족하다고 판단될 경우 납세자는 세무조사 기간을 정해진 요건에 따라 중지 또는 연장할 수 있다.

관련 법령 및 예규 **국세기본법 제81조의8**(세무조사 기간)

① 세무공무원은 조사 대상 세목·업종·규모, 조사 난이도 등을 고려해서 세무조사 기간이 최소한이 되도록 해야 한다. 다만, 다음 각 호의 어느 하나에 해당하는 경우에는 세무조사

기간을 연장할 수 있다.

1. 납세자가 장부·서류 등을 은닉하거나 제출을 지연하거나 거부하는 등 조사를 기피하는 행위가 명백한 경우

2. 거래처 조사, 거래처 현지 확인 또는 금융거래 현지 확인이 필요한 경우

3. 세금탈루혐의가 포착되거나 조사 과정에서 '조세범처벌절차법'에 따른 조세범칙 조사를 개시하는 경우

4. 천재지변이나 노동쟁의로 조사가 중단되는 경우

5. 제81조의16 제2항에 따른 납세자 보호관 또는 담당관(이하 이 조에서 "납세자보호관 등"이라 한다)이 세금탈루혐의와 관련해서 추가적인 사실 확인이 필요하다고 인정하는 경우

6. 세무조사 대상자가 세금탈루혐의에 대한 해명 등을 위해서 세무조사 기간의 연장을 신청한 경우로서 납세자 보호관 등이 이를 인정하는 경우

② 세무공무원은 제1항에 따라 세무조사 기간을 정할 경우 조사 대상 과세 기간 중 연간 수입 금액 또는 양도가액이 가장 큰 과세 기간의 연간 수입 금액 또는 양도가액이 100억 원 미만인 납세자에 대한 세무조사 기간은 20일 이내로 한다.

③ 제2항에 따라 기간을 정한 세무조사를 제1항 단서에 따라 연장하는 경우로서 최초로 연장하는 경우에는 관할 세무관서의 장의 승인을 받아야 하고, 2회 이후 연장의 경우에는 관할 상급 세무관서의 장의

승인을 받아 각각 20일 이내에서 연장할 수 있다. 다만, 다음 각 호에 해당하는 경우에는 제2항의 세무조사 기간의 제한 및 이 항 본문의 세무조사 연장 기간의 제한을 받지 아니한다.

Tip. 저자의 한마디 ｜ 자금출처 세무조사 기간은 보통 한 달에서 한 달 반 정도의 기간 동안 이루어지게 되는데, 조사대응을 적절하게 하지 못한다면 담당 조사관의 재량에 따라 조사 기간이 계속 연장될 수 있다. 또한 세무조사 대응이 잘못된 방향으로 이루어질 경우 조사받는 납세자의 사업체 또는 법인으로까지 세무조사가 확대될 수 있고, 이럴 경우 자연스럽게 조사 기간은 연장되게 된다. 따라서 정해진 기간 내에 최대한 적절한 소명을 통해 처음 조사통지서에 명시된 조사 기간으로 조사를 종결하는 것이 좋다.

또는 납세자 요청에 따라 세무조사 기간의 중지를 신청하고, 이로 인해 세무조사 기간이 연장될 수 있다. 세무조사 대응 소명 자료를 준비하는 데 시간이 필요하다면, 전략적 선택에 의해서 세무조사 중지를 신청하는 것도 한 방법이다.

부동산 세무조사를 받게 되면 사업장 또는 법인에도 세무조사가 나올까? 사업장 조사에 따른 매출누락도 확인될까?

Question 부동산 세무조사를 받게 되면 사업장 또는 법인에도 세무조사가 나올까? 사업장 조사에 따른 매출누락도 확인될까?

Answer 그렇다. 법에서 정하고 있는 일정 요건을 충족할 경우 담당 조사관이 세무조사 범위를 충분히 확대할 수 있다. 세무조사 범위를 확대한다는 것 자체가 이미 사업장의 매출누락에 대한 혐의가 명백하다는 판단하에 이루어지기 때문에 사업장 조사에 따른 매출누락 확인으로 증여세 세무조사로 시작하지만, 세무조사 결과 법인세 또는 개인 종합소득세가 추징될 수 있다.

국세기본법 제81조의9(세무조사 범위 확대)

① 세무공무원은 구체적인 세금탈루혐의가 여러 과세 기간 또는 다른 세목까지 관련되는 것으로 확인되는 경우 등 대통령령으로 정하는 경우를 제외하고는 조사 진행 중 세무조사의 범위를 확대할 수 없다.

② 세무공무원은 제1항에 따라 세무조사의 범위를 확대하는 경우에는 그 사유와 범위를 납세자에게 문서로 통지해야 한다.

국세기본법 시행령 제63조의10(세무조사 범위의 확대)

법 제81조의9 제1항에서 "구체적인 세금탈루혐의가 여러 과세 기간 또는 다른 세목까지 관련되는 것으로 확인되는 경우 등 대통령령으로 정하는 경우"란 다음 각 호의 어느 하나에 해당하는 경우를 말한다.

1. 다른 과세 기간·세목 또는 항목에 대한 구체적인 세금탈루 증거 자료가 확인되어 다른 과세 기간·세목 또는 항목에 대한 조사가 필요한 경우

2. 명백한 세금탈루혐의 또는 세법 적용의 착오 등이 있는 조사 대상 과세 기간의 특정 항목이 다른 과세 기간에도 있어 동일하거나 유사한 세금탈루혐의 또는 세법 적용 착오 등이 있을 것으로 의심되어 다른 과세 기간의 그 항목에 대한 조사가 필요한 경우

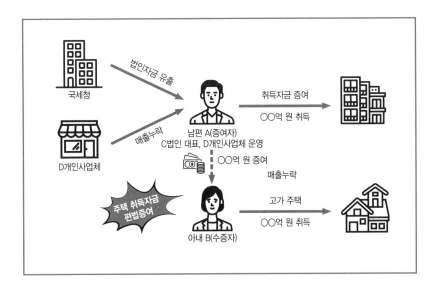

A씨는 자신이 대표이사로 있는 법인의 자금을 빼돌린 것도 모자라 이 법인과 거래 관계인 자신 명의의 개인사업체에서 거둔 매출을 세금신고에서 누락해 빼돌렸다. 그 돈으로 고가 주택과 상가를 구입하고, 일부는 아내 명의의 고가 주택 취득자금으로 편법증여해서 국세청에 적발되었다.

Tip. 저자의 한마디 개인이 부동산 자금출처와 관련해서 세금탈루혐의가 있어 세무조사가 나왔을 경우, 일반 근로소득자라면 대부분 증여세가 추징될 확률이 높지만, 조사 대상자가 법인의 대표로 있거나 사업소득이 있을 경우 당연하게도 원천혐의 금액이 증여세가 아닌 매출누락이나 사업소득누락 또는 법인에서 횡령한 것으로 조사관들은 의심하게 된다. 만약 세무조사 대응 과정에서 소명이 확실하게 되지 않을 경우 또는 세금을 탈루한 금액이 클 경우 국세기본법에 의거해서 조사관의 재량에 의해 세무조사 대상자의 사업체 통합조사 또는 법인 통합조사로 확대될 수 있다. 따라서 자금출처조사 대응 시에는 조사 범위 확대와 관련된 쟁점도 주의하는 것이 중요하다.

집 사기 전에 토지를 샀는데, 토지 매입했을 때부터 세무조사 대상 기간이 될까?

Question | 집 사기 전에 토지를 샀는데, 토지 매입했을 때부터 세무조사 대상 기간이 될까?

Answer | 그렇다. 자금출처조사 대상자로 선정되는 경우 일반적으로 쟁점 부동산 매입 시기로부터 5년 이내에 소유권 이전 등기된 자산이 있다면 그 자산을 취득한 시점부터 조사 대상 기간으로 선정된다.

관련 법령 및 예규 | **상속세 및 증여세법 제45조**(재산취득자금 등의 증여 추정)

① 재산 취득자의 직업, 연령, 소득 및 재산 상태 등으로 볼 때 재산

을 자력으로 취득했다고 인정하기 어려운 경우로서 대통령령으로 정하는 경우에는 그 재산을 취득한 때에 그 재산의 취득자금을 그 재산 취득자가 증여받은 것으로 추정해서 이를 그 재산 취득자의 증여 재산가액으로 한다.

② 채무자의 직업, 연령, 소득, 재산 상태 등으로 볼 때 채무를 자력으로 상환(일부 상환을 포함한다. 이하 이 항에서 같다)했다고 인정하기 어려운 경우로서 대통령령으로 정하는 경우에는 그 채무를 상환한 때에 그 상환자금을 그 채무자가 증여받은 것으로 추정해서 이를 그 채무자의 증여 재산가액으로 한다.

③ 취득자금 또는 상환자금이 직업, 연령, 소득, 재산 상태 등을 고려해서 대통령령으로 정하는 금액 이하인 경우와 취득자금 또는 상환자금의 출처에 관한 충분한 소명(疏明)이 있는 경우에는 제1항과 제2항을 적용하지 아니한다.

사례

자금 운용 원천 조사국 표(해당 부동산 취득 시점 뿐만 아니라 5개년)

실제 자금출처조사를 받은 납세자 A씨의 경우 2015년에 토지를 매입하고, 2016년 B아파트를 매입했다가 2019년에 B아파트 양도 후 C아파트를 취득했다. 납세자 A씨에게 2019년에 취득한 C아파트로 인해 세무조사가 나왔지만, 국세청에서 소명 요청을 한 내용에는 2015년에 매입한 토지부터 2020년까지의 국세청에서 확인되는 자금 운용 내역에 대해 전체적인 소명을 요청했던 사례이다. 따라서 자금출처조사가 시작될 경우 과거 5개년의 운용 금액에 대한 소명이 필요하다.

| 2014~2019년 자산변동에 따른 자금 원천 내역 |

(단위 : 원)

구분		2014년	2015년	2016년	2017년	2018년	2019년	~2019년 누계	비고
자금 운용	1-1. 토지 부동산 취득		130,000,000					130,000,000	매매계약서
	1-2. 토지 취등록세		4,200,000					4,200,000	취등록세 납세증명원
	2-1. A아파트 부동산 취득			500,000,000				500,000,000	매매계약서
	2-2. A아파트 취등록세			6,500,000				6,500,000	취등록세 납세증명원
	3-1. B아파트 취득						2,200,000,000	2,200,000,000	매매계약서
	3-2. B아파트 취등록세						77,000,000	77,000,000	취등록세 납세증명원
	4. C비상장주식 취득			10,000,000				10,000,000	국세청 수취자료
	5. 신용카드 등 사용액							67,000,000	국세청 수취자료
자금 지출 소계		0	134,200,000	516,500,000	0		0	2,277,000,000	2,994,700,000

Tip. 저자의 한마디 2019년도 아파트 매입으로 인해 세무조사 대상자로 선정될 경우 거의 대부분 조사 대상 기간은 2019년도 1년으로 한정된다. 하지만 가끔 2017~2019년으로 세무조

사가 나오는 경우가 있는데, 이럴 경우 거의 대부분 2017년도에 소유권 이전 등기가 이루어진 부동산을 매입했을 가능성이 높다. 즉 세무조사 대상자로 선정되는 데 기준이 되는 물건지 이외에도 과거에 취득한 부동산(토지 포함)이 있을 경우 그 시점부터 조사 대상 기간으로 선정되는 것이다.

해외채권, 상장주식, 비상장주식 등을 샀을 때도 원천을 밝혀야 할까?

Question | 해외채권, 상장주식, 비상장주식 등을 샀을 때도 원천을 밝혀야 할까?

Answer | 그렇다. 조사 대상자로 선정될 경우 해당 조사 기간 동안 매입한 해외채권, 상장주식, 비상장주식의 자금 원천에 대한 소명자료를 제출해야 한다. 하지만 현실적으로 채권 및 주식 등 유가증권의 취득가액이 세무조사 대상자에 포함될 만큼 큰 금액을 매수하는 경우는 흔치 않다. 유가증권에 대한 취득자금에 대해 소명하게 되는 경우는 대부분 부동산 취득으로 인한 세무조사 대상으로 선정되어 조사를 받게 될 때 해당 기간에 취득한 유가증권이 있어서 유가증권 취득과 관련된 취득자금 역시 소명을 해야 하는 경우이다.

상속세 및 증여세법 제45조(재산취득자금 등의 증여 추정)

① 재산 취득자의 직업, 연령, 소득 및 재산 상태 등으로 볼 때 재산을 자력으로 취득했다고 인정하기 어려운 경우로서 대통령령으로 정하는 경우에는 그 재산을 취득한 때에 그 재산의 취득자금을 그 재산 취득자가 증여받은 것으로 추정해서 이를 그 재산 취득자의 증여 재산가액으로 한다(개정 2015. 12. 15).

② 채무자의 직업, 연령, 소득, 재산 상태 등으로 볼 때 채무를 자력으로 상환(일부 상환을 포함한다. 이하 이 항에서 같다)했다고 인정하기 어려운 경우로서 대통령령으로 정하는 경우에는 그 채무를 상환한 때에 그 상환자금을 그 채무자가 증여받은 것으로 추정해서 이를 그 채무자의 증여 재산가액으로 한다.

③ 취득자금 또는 상환자금이 직업, 연령, 소득, 재산 상태 등을 고려해서 대통령령으로 정하는 금액 이하인 경우와 취득자금 또는 상환자금의 출처에 관한 충분한 소명이 있는 경우에는 제1항과 제2항을 적용하지 아니한다.

④ '금융실명거래 및 비밀보장에 관한 법률' 제3조에 따라 실명이 확인된 계좌 또는 외국의 관계 법령에 따라 이와 유사한 방법으로 실명이 확인된 계좌에 보유하고 있는 재산은 명의자가 그 재산을 취득한 것으로 추정해서 제1항을 적용한다.

사례 상증, 조심 2012부3533, 2012. 11. 15

(제목)

자금출처 미소명액을 남편으로부터 증여받은 것으로 보아 과세한 처분 잘못이 없음.

(요지)

생활자금 저축액을 입증할 수 있는 금융자료 등 객관적 증빙을 제시하지 못하고 있는 점, 2002년 회원권 취득 시 조사청이 취득자금 출처로 생활자금 저축액을 이미 인정한 사실이 확인되는 점 등에 비추어 증여받은 자금으로 주식을 취득한 것으로 보아 증여세를 과세한 이 건 처분은 잘못이 없음.

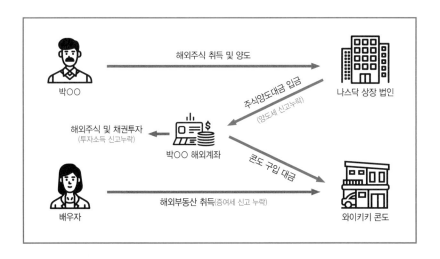

박○○은 해외증권투자 신고 없이 보유 중이던 미국 벤처기업 주식이 나스닥에 상장되자 막대한 차익을 남기고 양도하면서 양도소득세 신고

PART 02 과세 관청 정보분석시스템 및 과세 관청의 시각 103

는 누락하고 본인 해외 계좌에 은닉했다. 그러나 국세청에 적발되어 약 23억 원의 종합소득세를 추징당했다.

Tip. 저자의 한마디

최근 국세청의 전산시스템의 발전으로 납세자와 관련된 자료를 국세청에서는 대부분 파악하고 있다. 등기된 자산 이외에도 해외채권, 비상장주식, 상장주식 등 매입한 내역을 국세종합전산망(NTIS) 과세자료를 통해 역추적해서 국세청에서는 파악하고 있으므로 세무조사 대상 기간동안 취득한 내역이 있다면 어떠한 원천으로 매입했는지 소명해야 한다. 또한 사업을 하고 있는 개인사업자의 경우 취득한 자금 운용에 조사 대상 연도에 해당하는 개인사업 재무제표상 순자산 가액도 포함시키는 경우도 있다. 추가적으로 국세청에는 해외금융계좌에 대해서 6월 30일까지 잔액 5억 원 이상일 경우 계좌 내역을 신고해야 한다. 미신고 시 미신고 금액의 최대 20%에 해당하는 과태료가 부과될 수 있으므로 꼭 확인이 필요하다.

부동산을 매입하고 얼마 후에 세무조사가 나올까?

Question │ 부동산을 매입하고 얼마 후에 세무조사가 나올까?

Answer │ 증여세 세무조사의 경우 대부분 매입 시기로부터 2년 이내에 세무조사 대상자로 선정되어 세무조사가 시작된다. 하지만 2년이 지났다고 해서 세무조사가 나오지 않는 것은 아니다. 국가에서는 한 번 내야 될 세금이 발생하면 이 세금에 대해 징수할 권리를 일정 기간 동안 갖게 되는데, 이를 국세부과제척기간이라고 한다. 원칙적으로 국세부과제척기간은 기본 5년으로 본다. 하지만 상속세 및 증여세는 제척기간을 기본 10년으로 보기 때문에(무신고 시 15년 동안 부과 가능) 10년 동안은 세무조사가 나온다면 충분히 추징될 수 있다.

국세기본법 제26조의2(국세의 부과제척기간)

① 국세를 부과할 수 있는 기간(이하 "부과제척기간"이라 한다)은 국세를 부과할 수 있는 날부터 5년으로 한다.

(중략)

④ 제1항 및 제2항에도 불구하고 상속세·증여세의 부과제척기간은 국세를 부과할 수 있는 날부터 10년으로 하고, 다음 각 호의 어느 하나에 해당하는 경우에는 15년으로 한다. 부담부증여에 따라 증여세와 함께 '소득세법' 제88조 제1호 각 목 외의 부분 후단에 따른 소득세가 과세되는 경우에 그 소득세의 부과제척기간 또한 같다.

사례

상증, 대전지방법원 – 2017 – 구합 – 103237, 2018. 03. 28

(제목)

증여추정의 경우도 증여세 부과 대상에 해당하므로 무신고 시 국세부과제척기간은 15년으로 보아야 함.

(요지)

원고가 자력으로 자금출처가 소명되지 않은 재산을 취득했다고 인정하기 어려우므로, 구 상속세 및 증여세법 제45조 제1항에 따라 그 취득자금을 증여받았다고 추정함이 타당함.

Tip. 저자의 한마디 과거에는 부동산을 취득한 후 평균적으로 약 1년 또는 2년 정도 후에 세무조사 대상자로 선정되어 세무조사가 시작되었다. 반면, 최근 추세는 부동산을 취득한 후 빠르면 3개월 내에 혐의점이 발견되면 우선 부동산원에서 소명 요청을 하게 된다. 만약 소명 요청에서 제대로 된 소명이 이루어지지 않을 경우, 빠르면 약 6개월 정도 후에 세무조사 대상자로 선정되어 조사를 받게 된다.

국세기본법 국세부과제척기간 관련된 법을 살펴보면, 증여세는 이를 부과할 수 있는 날부터 10년이 만료된 날 후에는 부과할 수 없지만, 납세자가 상속세 및 증여세법 제68조 규정에 의한 신고서를 제출하지 아니한 경우에는 이를 부과할 수 있는 날로부터 15년이 지나면 부과할 수 없다. 따라서 증여받은 자금을 원천으로 사용하고 증여세 신고를 안 했을 경우 15년 동안은 세무조사로 인해 추징세액이 발생할 수 있음을 유의해야 한다.

부동산 세무조사가 나오면 통장 내역을 조사관이 다 볼 수 있는 걸까? 내 재무 상태 어디까지 알고 있을까? 부모님 계좌도 볼 수 있을까?

Question 부동산 세무조사가 나오면 통장 내역을 조사관이 다 볼 수 있는 걸까? 내 재무 상태 어디까지 알고 있을까? 부모님 계좌도 볼 수 있을까?

Answer 그렇다. 조사 대상자로 선정되면 기본적으로 조사 대상자의 계좌는 국세청에서 조회 가능하다. 이자소득이 발생하는 거의 모든 계좌에 대한 내역을 국세청에서 파악하고 있다. 그러나 조사 대상자로 선정되었다고 하더라도 국세청에서 조사 대상자가 아닌 타인(부모님)의 계좌는 볼 수 없다.

아무리 국세청이라고 해도 개인의 계좌를 마음
대로 들여다보는 것은 불가능하다. 세무조사 대
상자로 선정된 사람의 계좌를 우선적으로 들여다볼 수 있을 뿐, 조사
대상자의 가족이라고 해서 마음대로 국세청에서 계좌를 열어볼 수는
없는 것이다. 하지만 조사 대응을 하다 보면 부모님의 계좌 전체 내역
은 아니더라도 일부분의 계좌 내역은 입금증 또는 출금증을 제출해야
하는 경우도 있다. 예를 들어 부모님이 1억 원을 대출받아서 자식의 매
입자금 원천으로 쓸 수 있게 빌려줬을 경우, 부모님이 1억 원의 대출을
받은 것이 맞는지 원천을 파악해야 하므로 부모님의 부채 실행일과 원
금 금액이 기재된 부채잔액증명서와 자식에게 보낸 계좌이체 출금증
내역을 추가적으로 첨부해서 소명해야 적절한 조사 대응이 될 수 있다.
과세 당국에서 자금추적조사를 진행하는 경우 금융기관으로부터 받는
은행계좌에는 상대방 계좌 내역이 모두 담겨 있기 때문에 납세자 본인
계좌상에서 특수관계인인 부모님의 계좌로부터 입금된 금액이 많다면
소명을 요청할 것이고, 그 소명 내역이 부족하다면 부모님 계좌까지 자
금추적조사를 시행할 수 있다.

세무서에서 조사받는 것과 지방청에서 조사받는 것은 다를까?

Question 세무서에서 조사받는 것과 지방청에서 조사받는 것은 다를까?

Answer 일반 관할세무서에서 조사받는 절차와 지방국세청에서 조사받는 절차는 동일하다. 앞에서 설명한 것처럼 세무 조사 사전통지서를 받고 명시된 날부터 세무조사가 시작된다. 일반 관할세무서에서 세무조사를 수행할지, 지방청에서 세무조사를 수행할지 여부는 혐의 금액의 경중에 따라 나뉘는데, 혐의 금액(원천 대비 운용 금액이 과다한 금액)이 일정 기준(약 10억 원)보다 낮을 경우 일반 관할세무서에서 세무조사를 받고, 혐의 금액이 일정 기준(약 10억 원)보다 높을 경우 지방국세청에서 세무조사를 받게 된다.

원천 소득과 자금을 취득한 운용 금액의 차이를 혐의 금액이라고 한다. 원천보다 운용 금액이 큰 경우 혐의 금액이라고 하는데, 과거에는 이 혐의 금액이 10억 원 이상일 때는 지방청에서 세무조사를 하고, 10억 원 미만일 경우 일반 관할 세무서에서 진행했다. 하지만 최근 지방청에 부동산 취득과 관련된 대상자만 검토하는 TF팀이 신설되면서 혐의 금액이 10억 원 미만일 경우에도 지방청에서 세무조사가 나오는 경우가 많아졌다. 지방청보다는 아무래도 일선 관할세무서에서 좀 더 높은 강도의 세무조사를 받게 된다.

자금조달계획서 작성 시 차용으로 기입하고 나중에 안 갚아도 될까? 또는 세무조사 때 부모님 차용으로 소명한 금액을 세무조사가 끝난 후 상환하지 않아도 될까?

Question 자금조달계획서 작성 시 차용으로 기입하고 나중에 안 갚아도 될까? 또는 세무조사 때 부모님 차용으로 소명한 금액을 세무조사가 끝난 후 상환하지 않아도 될까?

Answer 자금조달계획서 작성 시 또는 세무조사 대응 시 차용으로 소명하고 인정받을 경우 국세청에서는 부채 사후관리라는 절차를 통해서 조사 당시 빌렸다고 소명한 부채가 남아 있는지, 만약 상환되었다면 어떤 원천으로 상환되었는지 최소 6개월 또는 1년마다 납세자로부터 확인을 한다. 따라서 상환을 계속 하지 않고 있다면 지속적인 부채 사후관리로 인해서 언젠가는 상환한 내역이 남아 있어야 하며, 상환을 했다면 상환 원천에 대한 소명도 이루어져야 하기 때문에 세무조사가 끝났다고 해서 부모로부터 빌린 채무를 갚지 않거나,

갚을 때 신고되지 않은 소득으로 갚을 경우 세금이 추징될 수 있음을 유의해야 한다.

상속세 및 증여세 사무처리 규정 제50조(부채의 사후 관리)

① 지방국세청장 또는 세무서장은 다음 각 호의 어느 하나에 해당하는 경우 해당 납세자의 채무 정보를 NTIS에 입력해야 한다.

  1. 상속세 및 증여세의 결정 등에서 인정된 채무

  2. 자금출처조사 과정에서 재산취득자금으로 인정된 채무

  3. 기타 유사한 사유로 사후관리가 필요한 채무

② 지방국세청장 또는 세무서장은 상환 기간이 경과한 채무에 대해서 사후관리 점검을 실시해야 한다. 다만, 상환 기간 경과 전이라도 일정 기간이 경과한 장기채무로서 변제사실 확인이 필요한 경우 점검 대상자로 선정할 수 있다.

③ 지방국세청장 또는 세무서장은 제2항의 부채 사후관리 대상자에게 해명할 사항을 기재한 〈부채 상환에 대한 해명자료 제출 안내(별지 제17호 서식)〉와 〈권리보호 요청 제도에 대한 안내(별지 제25호 서식)〉를 납세자에게 서면으로 발송해야 한다.

④ 지방국세청장 또는 세무서장은 사후관리 결과 채권자 변동이나 채무감소(변동) 등이 확인된 경우에는 즉시 그 내용을 NTIS에 입력해

야 한다.

사례 | 상증, 감심 – 2000 – 0214, 2000. 06. 13

(제목)

부동산의 취득자금을 차용한 것으로 볼 수 있는지 여부

(요지)

자금을 받은 지 4년 이상이 지나도록 원금이나 이자를 지급한 사실이 없고 채무담보로 작성했다는 저당권설정 계약서도 공증이나 타인의 입회 사실이 없을 뿐 아니라 저당권설정등기도 되어 있지 아니해서 자금의 일부를 변제했다는 주장의 입증 자료가 없으므로 증여받은 것으로 보고 과세함은 정당함.

Tip. 저자의 한마디 |

세무조사를 받은 납세자가 세무조사가 끝나면 모든 것이 다 끝난 줄 알고 부채로 소명해서 인정받은 채무를 부모님으로부터 받은 미신고된 증여 재산으로 상환하는 경우가 있는데, 이후에 부채 사후관리가 나오면 증여세가 추징될 수 있다. 따라서 반드시 세무조사 당시 인정된 부채는 추후 소득신고가 된 원천으로 상환해야 한다는 것을 꼭 인지해야 한다.

친인척에게 차용한 금액을 상환하지 않아도 될까? 금융기관 대출을 부모님이 대신 상환해도 될까?

Question 친인척에게 차용한 금액을 상환하지 않아도 될까?

금융기관 대출을 부모님이 대신 상환해도 될까?

Answer 안 된다. 친인척에게 차용한 금액을 상환하지 않는다면 이후 부채 사후관리라는 절차를 통해서 차용으로 인정받았던 부분도 증여로 보아 증여세가 추징될 수 있고, 금융기관 대출을 부모님이 대신 상환했을 경우 국세청에서 자금 원천 소명 확인 결과 부모님이 상환한 내역이 명백하다면, 이 경우에도 추가적으로 증여세가 추징될 수 있다.

【상속세 및 증여세 사무처리규정 별지 제17호 서식】(2011. 4. 1. 개정)

NTS ✿

기 관 명

부채 상환에 대한 해명자료 제출 안내

문서번호 : 재산 -

○ 성명 :　　　　　귀하　　　　　　　○ 생년월일 :

안녕하십니까? 귀댁의 안녕과 화목을 기원합니다.

　　201 . . . 귀하의 상속·증여세 결정(또는 자금출처조사) 당시 인정(확인)된 부채가 현재 변제된 것으로 확인되었습니다. 이에 귀하가 해당 부채를 상환 하였는지를 확인하고자 하니 **201 . . .까지** 아래의 해명자료를 제출하여 주시기 바랍니다. (제출 요청 근거 : 「상속세 및 증여세법」 제84조)

해명 요청 사항	해명 사항에 대한 증거 서류
– 상환일자 : – 상환금액 : – 상환수단 : – 상환자금 출처 :	

　　해명자료를 제출할 때에는 이에 대한 증거 서류를 함께 보내 주시기 바라며, 요청한 자료를 제출하지 않거나 제출한 자료가 불충분할 때에는 증여받은 것으로 추정되어 세금이 부과되거나 사실 확인을 위한 조사를 할 수 있음을 알려드립니다.

년　월　일

기 관 장

위 내용과 관련하여 문의 사항이 있을 때에는 담당자에게 연락하시면 친절하게 상담해 드리겠습니다. 성실납세자가 우대받는 사회를 만드는 국세청이 되겠습니다.

◆담당자 : ○○세무서 ○○○과 ○○○ 조사관(전화 : 　　　　, 전송 : 　　　)

210㎜×297㎜(신문용지 5dg/㎡)

앞서 부채 상환에 대한 '해명자료 제출 안내문'과 같이 세무조사에서 부채로 소명한 금액에 대한 상황이 있다면 언제, 어떠한 원천으로, 얼마를 상환했는지 서술하고, 이와 관련된 금융자료(계좌이체 내역 등)를 함께 제출해야 한다.

Tip. 저자의 한마디 ⎰ 과거에는 세무조사 때 부채로 소명한 내역에 대한 사후관리가 형식적으로는 6개월 또는 1년마다 이루어진다라고 하더라도 실제적으로 사후관리와 관련된 소명 요청서를 매 6개월마다 또는 1년마다 보내는 경우가 많지 않았다. 하지만 최근 부동산 자금출처 세무조사가 강화되고, 세수가 많이 부족한 상황으로 인해 세무조사에서 특수관계인 간의 부채로 소명한 내역에 대한 부채 사후관리를 과거보다 좀 더 강화해서 실시하고 있으므로 특수관계인에게 빌린 부채를 상환할 때는 소득신고가 제대로 이루어진 자금 원천으로 상환해야 한다는 것을 명심해야 한다.

한국부동산원에서 자금조달계획서와 관련해서 연락이 왔을 때 어떻게 대응해야 할까? 대응이 제대로 이루어지지 않으면 세무조사가 실시될까?

Question ┃ 한국부동산원에서 자금조달계획서와 관련해서 연락이 왔을 때 어떻게 대응해야 할까? 대응이 제대로 이루어지지 않으면 세무조사가 실시될까?

Answer ┃ 한국부동산원에서 부동산 거래 신고에 따른 관련 자료 제출 요청을 받을 경우 세무조사 대응에 준하는 수준으로 소명하는 것이 좋다. 한국부동산원의 소명 요청에 적절하게 대응하지 못한다면 한국부동산원에서 끝날 소명 자료 제출이 국세청으로 넘어가서 세무조사로 이어질 수 있기 때문이다. 따라서 자금 원천이 어떤 식으로 이루어졌는지 납득할 만한 증빙자료가 제출되어야 한다.

사례

한국부동산원으로부터 '부동산 거래 신고에 따른 관련 자료 제출' 요청을 받은 경우 약 2주 내로 증빙 자료와 소명서 및 첨부된 질문지를 작성해서 홈페이지, 팩스 또는 우편으로 제출해야 한다.

국민에게 신뢰받는 부동산 전문기관

 한 국 부 동 산 원

수신   거래당사자
(경유)
제목   부동산 거래신고에 따른 관련자료 제출 요청

1. 우리 원에서는 『부동산 거래신고 등에 관한 법률』(이하 '같은 법')제6조제3항, 제25조의3 및 같은 법 시행령 제19조의4에 따라 신고내용 조사업무를 수행하고 있습니다.

2. 귀하께서 신고관청(시·군·구)에 신고하신 부동산 거래(또는 거래의 해제 등)에 대한 신고내용 사실여부를 확인하기 위해 증빙자료의 제출을 요청하오니 **우편을 받으신 날로부터 14일 이내에 붙임 2. 증빙자료 제출 안내문을 참고하여 증빙자료와 소명서 및 질문지를 우리 원 홈페이지(www.reb.or.kr) 또는 팩스(053-643-7100)로 제출**하여 주시기 바랍니다.

3. 같은 법 제28조제1항에 따라 제출기한 내에 요청된 증빙자료를 제출하지 않거나 거짓으로 제출하는 경우에는 3천만원 이하의 과태료가 부과될 수 있으며, 같은 법 제29조에 따라 위반사실을 자진 신고한 최초 신고자는 과태료가 감경(50%)될 수 있으니 참고하시기 바랍니다.

4. 귀하께서 제출하신 일체의 자료는 신고내용 조사업무 이외에는 사용되지 않으며 개인정보보호법 등 관계법령에 따라 엄격히 처리됨을 알려드립니다.

★ 자료제출 안내전화 ☎ 02-1833-5414

붙임 1. 증빙자료 제출 요청 대상 1부.
      2. 증빙자료 제출 안내문 1부.
      3. 부동산거래신고 소명서(서식) 1부.
      4. 조사 참고용 질문지 1부. 끝.

한 국 부 동 산 원

기존에는 지자체에서 하던 업무였으나, 한국부동산원으로 이관이 되면서 한국부동산원에서 부동산 거래 신고에 따른 관련 자료 제출을 요청하고 있다. 자료의 요청 수준은 거의 세무조사 때 기본적으로 검토하는 수준으로 꽤나 자세한 소명 자료를 요청한다. 또한 한국부동산원에 소명이 제대로 이루어지지 않으면 자료가 국세청으로 들어가면서 세무조사 대상자로 선정되는 절차를 진행하기 때문에 한국부동산원 자료 제출로 마무리 짓는 것이 중요하다.

PART

03

자금출처조사 대응 방법
및 절세팁

조사 대응 시 반드시
세무대리인이 필요할까?
직접 소명도 가능할까?

Question ⌐ 조사 대응 시 반드시 세무대리인이 필요할까?

직접 소명도 가능할까?

Answer ⌐ 납세자 본인이 직접 소명 가능하다. 본인이 진행하게

된다면 너무 두려워하지 말고, 세무조사에 협조적인 자

세로 임하면 된다. 확실하지 않거나 명확하지 않은 사실이라면, 즉답이

아닌 확인 후 답변하는 것이 바람직하다.

관련 법령 및 예규 ⌐ **국세기본법 제81조의5**(세무조사 시 조력을 받을 권리)

납세자는 세무조사('조세범처벌절차법'에 따른 조세범

칙조사를 포함한다)를 받는 경우에 변호사, 공인회계사, 세무사로 하여

금 조사에 참여하게 하거나 의견을 진술하게 할 수 있다.

부동산 세무조사가 나오게 된다면, 어떠한 이유
로 문제가 되어 조사 대상자에 선정이 되었는가
를 파악해야 한다. 우선 조사통지서를 확인해서 조사 대상 연도, 조사
기간, 조사 세목을 확인하고 대응하되, 조사관과의 미팅을 통해서 문제
점이 무엇인지를 빨리 파악해서 대응해야 한다. 이때 납세자 본인 스스
로 대응 방향 설계가 가능하다면 충분히 조사 대응을 할 수 있지만, 조
사 쟁점에 대해 파악도 어렵고 대응 설계가 전혀 이루어지지 않는 상황
이라면 국세기본법 제81조의5(세무조사 시 조력을 받을 권리)에 따라 조
사 전문가인 세무대리인을 선임하는 것을 추천한다.

10년 전에 전세금(또는 부동산)을 증여받고 이번에 전세금(또는 부동산 매도 대금)으로 부동산을 취득하면 10년 전도 문제가 될까?

Question ┃ 10년 전에 전세금(또는 부동산)을 증여받고 이번에 전세금(또는 부동산 매도 대금)으로 부동산을 취득하면 10년 전도 문제가 될까?

Answer ┃ 문제가 될 수 있다. 쟁점 부동산을 취득함에 있어 조사 대상자로 선정이 될 시에는 해당 부동산을 취득하는 데 들어간 원천(쓴 돈) 금액을 소명해야 한다. 그런데 그 과정에서 10년 전 전세금(증여)으로 부동산을 취득한 게 확인이 되면 무신고증여분에 대해서 증여세가 추징된다. 증여세 무신고의 경우 국세부과제척기간은 15년을 적용받는다(다음의 관련 법령 및 예규 참조).

관련 법령 및 예규 | **국세기본법 제26조의2**(국세의 부과제척기간)

④ 제1항 및 제2항에도 불구하고 상속세·증여세의 부과제척기간은 국세를 부과할 수 있는 날부터 10년으로 하고, 다음 각 호의 어느 하나에 해당하는 경우에는 15년으로 한다. 부담부증여에 따라 증여세와 함께 '소득세법' 제88조 제1호 각 목 외의 부분 후단에 따른 소득세가 과세되는 경우에 그 소득세의 부과제척기간 또한 같다.

1. 납세자가 부정행위로 상속세·증여세를 포탈하거나 환급·공제받은 경우

2. '상속세 및 증여세법' 제67조 및 제68조에 따른 신고서를 제출하지 아니한 경우

3. '상속세 및 증여세법' 제67조 및 제68조에 따라 신고서를 제출한 자가 대통령령으로 정하는 거짓신고 또는 누락신고를 한 경우(그 거짓신고 또는 누락신고를 한 부분만 해당한다)

Tip. 저자의 한마디 | 전세금(또는 부동산 매도 대금)을 취득자금 원천(번 돈)으로 해서 부동산을 취득하는 경우, 전세금으로 자금 원천(번 돈)이 확인되었다는 것에 그치지 않고, 전세금(또는 매도한 부동산)의 취득자금 원천(번 돈)까지도 파악하는 절차를 거치게 된다. 따라서 신규 부동산 취득 시 자금조달계획서에 전세금(또는 부동산

매도 대금)을 기재한다면, 전세금(또는 매도한 부동산의 취득 대금)에 대한 증여세를 기한후신고 진행해서 가산세의 불이익을 조금이라도 줄이기 바란다.

Q35 나의 원천을 입증하는 방법은 무엇이 있을까?

Question 나의 원천을 입증하는 방법은 무엇이 있을까?

Answer 원천을 입증하는 방법에는 여러 가지가 있다. 이를 '입증 가능 금액'이라고 하며, 입증하는 방법은 크게 5가지 정도로 나눌 수 있다.

1. **부동산 처분 대금의 수취** : 본인 소유 재산을 처분함에 따라 발생한 소득으로 원천을 입증할 수 있다.

2. **소득금액** : 나의 소득신고된 자료를 통해서 원천을 입증할 수 있다. 여기서 말하는 소득은 이자, 배당 사업, 근로, 연금, 기타, 퇴직소득이며, 이러한 소득의 신고를 통해서 나의 원천을 입증할 수 있다.

3. **금융기관 등의 부채** : 재산 취득일 이전에 차용한 부채로 나의 원천을 입증할 수 있다. 즉, 금융기관으로부터의 신용대출, 주택담보대

출, 신혼부부전세자금대출 등을 통해서 나의 원천을 입증할 수 있으며, 금융기관이 아닌 사인(私人) 간의 차용을 통해서도 나의 원천을 입증할 수 있다. 다만, 상증세법상 원칙적으로 배우자 및 직계존비속 간의 금전차용을 인정해주지는 않는다.

4. **전세금 또는 보증금** : 나의 동산 및 부동산을 대여함으로써 받은 전세금 또는 보증금으로 나의 원천을 입증할 수 있다. 예를 들어 기존의 A주택을 임차를 주고 받은 전세금으로 나의 새로운 부동산 B를 취득하는 경우 A주택의 전세금이 나의 B주택 취득에 따른 원천이 된다.

5. 이외에 기타 다른 방법을 통해서 나의 원천을 밝힐 수 있다면, 앞서 열거되지 않은 원천이라도 나의 입증 가능 금액이 될 수 있다.

관련 법령 및 예규 **상속세 및 증여세법 기본 통칙 45 − 34 − 1**(자금출처로 인정되는 경우)

① 영 제34조 제1항 각 호에 따라 입증된 금액은 다음 각 호의 구분에 따른다.

1. 본인 소유 재산의 처분 사실이 증빙에 따라 확인되는 경우 그 처분액(그 금액이 불분명한 경우에는 법 제60조부터 제66조까지에 따라 평가한 가액)에서 양도소득세 등 공과금 상당액을 뺀 금액

2. 기타 신고했거나 과세받은 소득금액은 그 소득에 대한 소득세 등 공과금 상당액을 뺀 금액

3. 농지 경작 소득

4. 재산 취득일 이전에 차용한 부채로서 영 제10조 규정의 방법에 따라 입증된 금액. 다만, 원칙적으로 배우자 및 직계존비속 간의 소비대차는 인정하지 아니한다.

5. 재산 취득일 이전에 자기 재산의 대여로서 받은 전세금 및 보증금

6. 제1호 내지 제5호 이외의 경우로서 자금출처가 명백하게 확인되는 금액

② 제1항에 따라 자금출처를 입증할 때 그 재산의 취득자금을 증여받은 재산으로 해서 자금출처를 입증하는 경우에는 영 제34조 제1항 단서의 규정을 적용하지 아니한다.

※ 상속세 및 증여세법 시행령 제34조 제1항이라 함은 '입증되지 아니하는 금액이 취득재산의 가액 또는 채무의 상환 금액의 100분의 20에 상당하는 금액과 2억 원 중 적은 금액에 미달하는 경우를 제외한다'.

사례

구분	자금출처로 인정되는 금액	증빙서류
근로소득	총급여액 - 원천징수세액	원천징수영수증
퇴직소득	총지급액 - 원천징수세액	원천징수영수증
사업소득	소득금액 - 소득세상당액	소득세 신고서 사본

구분	자금출처로 인정되는 금액	증빙서류
이자, 배당, 기타소득	총지급액 − 원천징수세액	원천징수영수증
차입금	차입 금액	부채증명서
임대보증금	보증금 또는 전세금	임대차계약서
예·적금 등 금융 자산	예·적금 금액	통장 사본
보유재산 처분액	처분가액 − 양도소득세 등	매매계약서

Tip. 저자의 한마디 부동산 취득 시 사전에 미리 나의 원천을 체크하는 습관이 중요하다. 나의 부동산 취득가액(취등록세 포함)에 대해 정확히 어떻게 원천이 만들어졌는지 자금의 흐름을 확인한 후에 부동산을 취득해야 부동산 자금출처조사를 사전에 예방할 수 있으며, 조사가 진행될 시 원활하게 대응이 가능하다.

예·적금 등 금융 자산이나 보유재산 처분액 같은 경우 해당 자산을 어떻게 형성했는지까지 물어보는 경우도 있으므로 예·적금이 어떻게 이루어졌는지, 보유재산은 어떤 돈으로 취득했는지까지 준비하는 게 좋다(세무조사가 시작된 이상 신고된 소득이 있다는 것보다 중요한 것이, 계좌를 다 조회하기 때문에 신고된 소득이 부동산을 취득한 원천이 되었는지까지 확실히 소명할 수 있도록 준비하는 것이다).

부동산 매입 시 대출을 받고 이후에 부모님께 증여받아 상환해도 문제없을까?

Question 부동산 매입 시 대출을 받고 이후에 부모님께 증여받아 상환해도 문제없을까?

Answer 대출받은 금액에 대해서는 상환하는 방식보다 상환하는 원천이 중요하다고 할 수 있다. 자금출처조사라 함은 정의에서 말했듯이 재산의 취득뿐만 아니라 부채의 상환에 대한 원천 역시 조사 대상이다. 따라서 부동산 취득 시 대출받은 금액에 대해서는 증여로 상환해도 문제가 되지 않는다. 단, 해당 증여받은 금액에 대해서는 증여세 신고가 반드시 이루어진다는 조건하에 문제가 되지 않는다. 결국 대출금을 증여로 상환하고 증여세 신고를 하지 않게 되면 대출금 상환에 대한 원천 조사가 이루어질 수 있다.

상속세 및 증여세법 제45조(재산취득자금 등의 증여 추정)

② 채무자의 직업, 연령, 소득, 재산 상태 등으로 볼 때 채무를 자력으로 상환(일부 상환을 포함한다. 이하 이 항에서 같다)했다고 인정하기 어려운 경우로서 대통령령으로 정하는 경우에는 그 채무를 상환한 때 그 상환자금을 그 채무자가 증여받은 것으로 추정해서 이를 그 채무자의 증여 재산가액으로 한다.

Tip. 저자의 한마디 검증 결과 취득자금이 적정한 차입금으로 확인된 경우에는 향후 원리금 상환이 자력으로 이루어지는지 여부에 대해 부채상환 전 과정을 끝까지 사후관리(부채 사후관리 점검 횟수 연 1회 → 2회로 확대)하고, 상환 과정에서 대리변제 등이 확인될 경우 조사 전환해서 탈루된 세금을 추징할 수 있다.

부모님께 차입했을 때 인정받으려면 어떻게 해야 될까?

Question ⌐ 부모님께 차입했을 때 인정받으려면 어떻게 해야 될까?

Answer ⌐ 금융기관이 아닌 사인 간의 금전 차입에 대해서도 기본적으로 차입으로 인정해준다. 다만, 원칙적으로 배우자 및 직계존비속 간의 소비대차는 인정하지 않는다. 그 이유는 배우자 및 직계존비속 간에는 차입을 가장한 증여가 많이 이루어지고 있기 때문이다. 따라서 해당 거래가 실질 차입이 맞다는 것을 입증하기 위해서는 필수적으로 작업해야 하는 것이 있는데, 그것이 바로 차용증의 작성이다. 차용증 작성 시에는 자유 양식을 이용하면 되지만 원금, 이자율, 원금 상환일, 이자 지급일 이 네 가지 항목에 대해서는 반드시 기재되어 있어야 한다.

상증세법상 적정 이자율은 4.6%라고 되어 있으나 꼭 4.6%의 이자율이

아니더라도(이자율이 4.6%보다 높거나 낮은 경우 차이에 해당하는 분에 대
해 증여세가 과세될 여지는 있음) 해당 거래가 실질적 차입이 맞다는 것을
입증하기 위해서 월, 분기, 반기 등으로 이자 지급일을 설정하고, 그에
따라 이자를 지급해야 실질적 차입으로 인정받을 수 있다.

관련 법령 및 예규 **상속세 및 증여세법 기본통칙 45 – 34 – 1**(자금출처
로 인정되는 경우)

① 영 제34조 제1항 각 호에 따라 입증된 금액은 다음 각 호의 구분에
따른다.

(1~3 생략)

4. 재산 취득일 이전에 차용한 부채로서 영 제10조 규정의 방법에
따라 입증된 금액. 다만, 원칙적으로 배우자 및 직계존비속 간의
소비대차는 인정하지 아니한다(이하 생략).

차용증

- 채권자 성명 :

　　　　주소 :

　　　　주민등록번호 :

- 채무자 성명 :

　　　　주소 :

　　　　주민등록번호 :

- 차용 금액 및 차용 조건

원금	일금　　　　　　　　　　　원정 (₩　　　　　　　)	
차용 기간		
이자	원(연　%)	**이자 지급일**
원금 변제일		
지연손실금	원금 및 이자의 변제를 3개월 이상 지체할 경우 채무자는 일 (10%)의 이자율에 의한 지연손실금을 가산해서 지불하며.	
기한 이익 상실	이자의 지급을 3개월 이상 연체하는 경우 채무자는 기한의 이익을 상실한다. 채권자가 변제기일 전이라도 원리금을 청구하면 채무자의 이의 없이 변제하기로 한다.	

　　　　　　년　　　월　　　일

　　　　　　　　　　　　채권자 : ＿＿＿＿＿＿ (인)

　　　　　　　　　　　　채무자 : ＿＿＿＿＿＿ (인)

배우자 및 직계존비속 간에 차용증을 작성하는 것에 대해서 예전에는 중요하지 않게 생각하는 분들이 많았으나, 최근에는 가족 간에도 차용증을 작성해야 한다는 것에 대해 많이들 인지하고 있다. 차용증을 작성하는 것도 중요하지만 차용증 내용대로 잘 이행하고 있는지가 중요하다. 반드시 이자 지급 또는 원금 상환에 대해서는 금융기관 계좌이체를 이용해서 기록에 남게 해야 하며, 받는 사람과 보내는 사람의 통장메모(적요)란에 1회차 이자 지급 또는 1월 이자 지급 등을 기재함으로써 조금 더 완벽한 자료를 만들어야 한다.

5,000만 원까지는 부모님에게 증여받아도 세금이 안 나온다던데, 사실일까?

Question　5,000만 원까지는 부모님에게 증여받아도 세금이 안 나온
다던데, 사실일까?

Answer　그렇다. 직계존비속 간에는 5,000만 원까지 증여 재산
공제가 되기 때문에 5,000만 원까지는 증여세가 발생
하지 않는다. 다만 증여를 받은 날로부터 10년 이내의 재산가액에 대
해서 공제가 가능하다.

관련 법령 및 예규　**상속세 및 증여세법 제53조**(증여 재산 공제)
　거주자가 다음 각 호의 어느 하나에 해당하는 사
람으로부터 증여를 받은 경우에는 다음 각 호의 구분에 따른 금액을 증

여세 과세가액에서 공제한다. 이 경우 수증자를 기준으로 그 증여를 받기 전 10년 이내에 공제받은 금액과 해당 증여가액에서 공제받을 금액을 합친 금액이 다음 각 호의 구분에 따른 금액을 초과하는 경우에는 그 초과하는 부분은 공제하지 아니한다.

1. **배우자로부터 증여를 받은 경우** : 6억 원
2. **직계존속**[수증자의 직계존속과 혼인(사실혼은 제외한다. 이하 이 조에서 같다) 중인 배우자를 포함한다]**으로부터 증여를 받은 경우** : 5,000만 원. 다만, 미성년자가 직계존속으로부터 증여를 받은 경우에는 2,000만 원으로 한다.
3. **직계비속**(수증자와 혼인 중인 배우자의 직계비속을 포함한다)**으로부터 증여를 받은 경우** : 5,000만 원
4. **제2호 및 제3호의 경우 외에 6촌 이내의 혈족, 4촌 이내의 인척으로부터 증여를 받은 경우** : 1,000만 원

사례

(단위 : 원)

구분	1차 증여	2차 증여	3차 증여	합계액
증여일	2011. 01. 01	2017. 01. 01	2020. 01. 01	
① 증여 재산가액	20,000,000	50,000,000	100,000,000	170,000,000
② 사전증여 재산가액	0	20,000,000	70,000,000	
③ 증여세 과세가액(①+②)	20,000,000	70,000,000	170,000,000	
④ 증여 재산 공제	20,000,000	50,000,000	50,000,000	
⑤ 증여세 과세표준(③-④)	0	20,000,000	120,000,000	
⑥ 세율		10%	20%	
⑦ 증여세 산출세액(⑤×⑥)	0	2,000,000	14,000,000	16,000,000
⑧ 납부세액 공제	0	0	2,000,000	2,000,000
⑨ 결정세액(⑦-⑧)	0	2,000,000	12,000,000	14,000,000

① 2009. 01. 01 1차 증여 : 2,000만 원 ② 2017. 01. 01 2차 증여 : 5,000만 원
③ 2020. 01.01 3차 증여 : 1억 원

Tip. 저자의 한마디 10년을 기준으로 5,000만 원 공제를 받을 수 있
으므로 자녀에게 증여 계획이 있는 분들은 한 번
에 증여하기보다는 미리 계획을 세운 후 나눠서 증여하면 세 부담에서
유리하다.

부부 공동명의로 취득하려고 하는데, 어떤 경우 조사 대상이 될까? 집값을 부부 중 1인이 전액 부담하고, 명의를 배우자와 함께 공동 지분 5:5로 하게 되면 문제가 될까?

Question 부부 공동명의로 취득하려고 하는데, 어떤 경우 조사 대상이 될까? 집값을 부부 중 1인이 전액 부담하고, 명의를 배우자와 함께 공동 지분 5 : 5로 하게 되면 문제가 될까?

Answer 문제가 될 수 있다. 부부 공동명의로 부동산을 취득하는 것 자체에는 문제가 없으나, 배우자 본인의 돈이 들어가지 않은 상태에서 부동산의 지분이 생기는 부분에서는 문제가 발생한다. 그 이유는 배우자 본인의 자금 없이 부가 증가했기 때문이다. 즉, 본인의 자금이 들어가지 않은 상태에서 부동산의 지분이 생겼고, 이는 곧 부의 무상이전(증여)이 발생한 것과 동일하게 되기 때문이다. 이를 이중거래로 구분해서 보면, 남편이 배우자에게 현금을 증여하고, 증여받은 현금으로 배우자가 부동산을 취득하는 것과 같은 거래행태가 된다. 다만 배우자 간에는 6억 원까지는 증여 공제가 되기 때문에 배우자가 무상으로 받는 지분 50%가 6억 원 이하가 된다면 증여세가 발생하지 않기 때문에 문제가 되지 않는다.

관련 법령 및 예규 ┃ **상속세 및 증여세법 제53조**(증여 재산 공제)

거주자가 다음 각 호의 어느 하나에 해당하는 사람으로부터 증여를 받은 경우에는 다음 각 호의 구분에 따른 금액을 증여세 과세가액에서 공제한다. 이 경우 수증자를 기준으로 그 증여를 받기 전 10년 이내에 공제받은 금액과 해당 증여가액에서 공제받을 금액을 합친 금액이 다음 각 호의 구분에 따른 금액을 초과하는 경우에는 그 초과하는 부분은 공제하지 아니한다.

1. **배우자로부터 증여를 받은 경우** : 6억 원

2. **직계존속**[수증자의 직계존속과 혼인(사실혼은 제외한다. 이하 이 조에서 같다) 중인 배우자를 포함한다]**으로부터 증여를 받은 경우** : 5,000만 원. 다만, 미성년자가 직계존속으로부터 증여를 받은 경우에는 2,000만 원으로 한다.

3. **직계비속**(수증자와 혼인 중인 배우자의 직계비속을 포함한다)**으로부터 증여를 받은 경우** : 5,000만 원

4. **제2호 및 제3호의 경우 외에 6촌 이내의 혈족, 4촌 이내의 인척으로부터 증여를 받은 경우** : 1,000만 원

사례

〈인적사항〉

• 증여자 : 방송 연예인 A ㅤ • 수증자 : 배우자 B ㅤ • 주 소 : ◎◎시

〈주요 조사내용〉

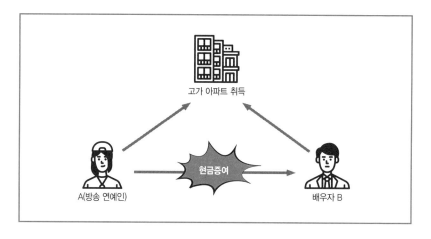

• 특별한 소득이 없는 B는 배우자인 방송 연예인 A와 공동명의로 고가 아파트를 취득해서 자금출처조사 대상으로 선정

• 자금출처 확인 결과, 배우자인 방송 연예인 A로부터 ○억 원을 편법 증여받아 아파트를 취득한 것으로 확인

〈조치사항〉

• 부동산 취득자금에 대해서 증여세 ○억 원 추징

Tip. 저자의 한마디 부부공동명의로 부동산을 취득하는 것은 문제가

없으나, 각자가 취득하는 지분율만큼의 자금이

반드시 신고가 된 소득으로 취득이 이루어져야만 정상적인 취득이 된

다. 다만 6억 원까지는 배우자 공제가 되기 때문에 취득하는 지분가액

이 6억 원 이하라면 문제가 되지 않는다. 여기서 주의해야 될 점은 6억

원 이하라 할지라도 10년 이내의 다른 증여 항목은 없었는지 반드시

체크한 뒤에 부동산 취득이 이루어져야 한다. 본인도 미처 기억하지 못

하거나 놓쳤던 증여 거래가 있을 수 있으니 취득 이전에 자산 증가 내

역, 통장거래 내역 등을 파악해두면 좋다.

비트코인 또는 주식으로 번 돈은 소득세 신고가 안 되는데 이 부분에 대한 소명은 어떻게 해야 할까?

Question 비트코인 또는 주식으로 번 돈은 소득세 신고가 안 되는데 이 부분에 대한 소명은 어떻게 해야 할까?

Answer 투자로 발생한 수익에 대해서는 거래 내역을 통해서 소명할 수 있다. 비트코인 및 주식의 거래가 이루어진 코인거래소 또는 증권거래소의 계좌 및 거래 내역으로 얼마의 자금이 투자에 사용되었고, 거기에서 발생한 수익은 얼마인지, 그래서 얼마의 원천이 생겼는지 거래 내역으로 소명할 수 있다.

Tip. 저자의 한마디 비트코인과 주식을 통해서 발생한 수익으로 부동산 등을 구입했다면 거래 내역 등을 통해서 소명을 할 수 있다. 다만, 비트코인 및 주식에 제일 처음 투자된 자금의 원천이 어디에서 발생했는지는 체크해야 한다. 즉, 1,000만 원을 투자해서 500만 원의 수익이 발생해서 총 1,500만 원이 된 것은 거래 내역으로 소명이 되지만, 당초의 1,000만 원은 어디에서 발생했는지 그 원천에 대해서는 한번 체크하면 좋다(가상화폐 또는 주식으로 발생한 수익으로 부동산을 취득할 경우 수익이 발생한 거래 내역(매입, 매도)에 대한 히스토리 내역을 미리 정리해두는 것이 이후 세무조사가 나왔을 때 소명자료를 제출하는 데 도움이 될 수 있으므로 미리미리 거래 내역을 저장해두는 것이 좋다).

세무조사를 받는 중에 부동산을 처분해도 될까?

Question 세무조사를 받는 중에 부동산을 처분해도 될까?

Answer 괜찮다. 다만, 부동산을 처분하는 행위가 세금을 납부하지 않기 위해 고의적으로 부동산을 처분하는 경우라면 해당 사실 관계에 따라 부동산 처분 거래가 취소될 수 있다. 세금을 납부하지 않게 되면 본인 소유의 동산·부동산에 압류가 걸리게 되는데, 이를 회피하기 위해서 부동산을 처분하게 된다면 세수일실이 발생하기 때문에 해당 부동산 처분 거래에 대해서 행정소송을 통한 거래 취소 소송이 걸릴 수 있다. 이러한 거래가 아니라면 부동산을 처분하는 거래는 문제되지 않는다.

관련 법령 및 예규 **국세징수법 제30조**(사해행위의 취소 및 원상회복)

세무공무원은 체납 처분을 집행할 때 납세자가 국세의 징수를 피하기 위해서 재산권을 목적으로 한 법률행위('신탁법'에 따른 사해신탁을 포함한다)를 한 경우에는 '민법' 제406조·제407조 및 '신탁법' 제8조를 준용해서 사해행위(詐害行爲)의 취소 및 원상회복을 법원에 청구할 수 있다.

민법 제406조(채권자 취소권)

① 채무자가 채권자를 해함을 알고 재산권을 목적으로 한 법률행위를 한 때에는 채권자는 그 취소 및 원상회복을 법원에 청구할 수 있다. 그러나 그 행위로 인해서 이익을 받은 자나 전득한 자가 그 행위 또는 전득 당시에 채권자를 해함을 알지 못한 경우에는 그러하지 아니하다.

② 전항의 소는 채권자가 취소 원인을 안 날로부터 1년, 법률행위가 있은 날로부터 5년 내에 제기해야 한다.

Tip. 저자의 한마디 본인 소유의 동산, 부동산을 처분하는 행위는 사적인 거래이기 때문에 그 거래행위 자체를 무시할 수 없다. 하지만 그 거래행위로 인해서 세수일실이 발생한다고 하면 그 거래행위에 대해서는 국세청에서 취소소송을 할 수 있다. 예를 들어

본인의 부동산이 압류될 것을 알고 친인척에게 재산을 양도하는 행위
등을 들 수 있다.

세무조사를 받으면 잘못한 게 없어도 무조건 세금을 내야 할까?

Question 세무조사를 받으면 잘못한 게 없어도 무조건 세금을 내야 할까?

Answer 그렇지 않다. 세무조사가 나오는 것은 국세청 내의 분석팀에서 각종 자료들을 수집해서 여러 가지 자료를 분석한 결과 어떠한 혐의점이 있다고 보여 조사가 나오게 된다.

이러한 수집 및 분석과정 중에서 일부 누락된 자료들이 있어 그 부분들이 혐의점이 되어 조사가 나올 수 있다. 이러한 부분들은 충분한 소명을 통해서 해결할 수 있다.

예를 들어 10억 원의 부동산을 취득하면서 신용대출 및 전세로 6억 원을 충당했고 나머지 4억 원은 예금·적금으로 충당을 했으나 국세청에서 자료를 수집하는 과정에서 신용대출 및 전세가 수집에서 누락이 되어 취득자금 중 6억 원이 증여 또는 소득의 누락으로 보아 세무조사가 진행될 수 있다.

Tip. 저자의 한마디

세무조사가 나오면 무조건 세금을 내야 한다는 생각을 갖고 있는 납세자들이 있다. 물론 문제가 있는 것으로 보아 세무조사가 나오는 것이 일반적이지만, 간혹 자료수집 과정 중에 일부 자료들이 수집에서 누락되어 확인이 되지 않아 세무조사가 나오는 경우도 있다. 이러한 것들은 소명을 통해서 해결할 수 있는 부분들이다.

제대로 소명하면 세금이 안 나올 수 있는데 소명을 충분히 하지 못해서 세금이 추징되는 경우도 많다. 보통 부동산을 취득한 지 몇 년 뒤 세무조사가 나와 자세한 내용을 기억하지 못하는 경우가 있으니 취득 시점에 관련 내용을 상세히 기록해두는 것이 좋다.

은행 근저당 채무가 있는 아파트를 자녀에게 증여했는데, 부모가 대신 이자 부담을 하는 경우, 문제가 있을까?

Question 은행 근저당 채무가 있는 아파트를 자녀에게 증여했는데, 부모가 대신 이자 부담을 하는 경우, 문제가 있을까?

Answer 문제가 될 수 있다. 요즘 부동산에 근저당채무를 설정하고 자녀들에게 증여하는 경우가 많이 발생하고 있다. 이러한 증여 형태 자체는 문제가 되지 않으나 부동산에 설정되어 있는 채무의 원금 및 이자를 대납해주게 된다면 이 또한 증여이기 때문이다. 이러한 거래를 이중거래로 나누어 보면, 부모가 자녀에게 현금을 주고 그 현금으로 자녀가 원금 및 이자를 납부하는 것과 다르지 않기 때문이다. 따라서 채무의 원금 및 이자를 상환하는 주체가 자녀이어야 하고, 그 상환하는 금액의 원천 또한 자녀의 신고된 소득이어야 한다.

관련 법령 및 예규 ⎤　　**상속세 및 증여세법 제45조**(재산취득자금 등의 증여 추정)

② 채무자의 직업, 연령, 소득, 재산상태 등으로 볼 때 채무를 자력으로 상환(일부 상환을 포함한다. 이하 이항에서 같다)했다고 인정하기 어려운 경우로서 대통령령으로 정하는 경우에는 그 채무를 상환한 때에 그 상환자금을 그 채무자가 증여받은 것으로 추정해서 이를 그 채무자의 증여 재산가액으로 한다.

사례 ⎤

〈인적사항〉

- 증여자 : 기업사주 A　　• 수증자 : A의 子 B

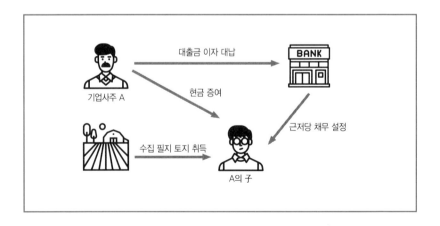

〈주요 조사내용〉

• 지방에 소재하는 유망기업 사주인 A는 대표인 아들의 토지 구입비용
  으로 ○억 원 증여

• 또한 아들이 부동산 취득시 발생시킨 담보대출금 이자 ○억 원을
  9년간 대납해주고 증여세 탈루

〈조치사항〉

• 부동산 취득자금으로 증여한 현금 및 이자 대납액 증여세 ○억 원
  추징

Tip. 저자의 한마디 부담부증여를 통해서 자녀들에게 미리 부동산을 증여하는 경우가 많이 발생하고 있다. 이러한 거래가 문제되지는 않으나 자녀 스스로 부동산에 설정되어 있는 근저당 채무를 상환할 수 있는 능력이 되는지를 사전에 검토해서 플랜을 만드는 게 중요하다. 부담부증여가 일반 증여보다 세부담 측면에서 항상 유리하지는 않다. 다주택자이거나, 증여 이전에 다른 주택을 양도한 경우 오히려 일반 증여보다 세 부담이 클 수 있으니 미리 세금을 비교해보고 선택하는 것이 좋다.

자금을 차용할 때는 꼭 4.6%로 해야 될까? 이자 1,000만 원까지는 증여세가 안 나올까?

Question 자금을 차용할 때는 꼭 4.6%로 해야 될까? 이자 1,000만 원까지는 증여세가 안 나올까?

Answer 그렇지 않다. 상속세 및 증여세법에서는 4.6%를 법정 이자율로 정하고 있다. 하지만 반드시 4.6%로 해야 되는 것은 아니다. 더 낮은 이자율을 적용해서 차용해도 괜찮다. 다만, 법에서 정하는 이자율인 4.6%와 실제 지급되는 이자와의 차액에 대해서는 증여세가 발생할 수 있다. 그 이유를 예로 들면 우리가 은행에서 대출을 받았다고 가정하면, 4.6%의 이자를 납부했어야 되나 부모님으로부터 더 낮은 이율인 1%로 금전을 차입했다면 3.6%만큼은 이자가 덜 발생했고, 그만큼 나의 재산이 축적되었다고 볼 수 있다. 따라서 3.6%를 부모님이 증여해주었다고 보게 되는 것이다. 다만, 그렇게 발생된 증여 재산가액이 1,000만 원 이하인 경우에는 증여세가 발생되지 않는다.

상속세 및 증여세법 제41조의 4(금전 무상 대출 등에 따른 이익의 증여)

① 타인으로부터 금전을 무상으로 또는 적정 이자율보다 낮은 이자율로 대출받은 경우에는 그 금전을 대출받은 날에 다음 각 호의 구분에 따른 금액을 그 금전을 대출받은 자의 증여 재산가액으로 한다. 다만, 다음 각 호의 구분에 따른 금액이 대통령령으로 정하는 기준금액 미만인 경우는 제외한다.

　1. 무상으로 대출받은 경우 : 대출 금액에 적정 이자율을 곱해서 계산한 금액

　2. 적정 이자율보다 낮은 이자율로 대출받은 경우 : 대출 금액에 적정 이자율을 곱해서 계산한 금액에서 실제 지급한 이자상당액을 뺀 금액

② 제1항을 적용할 때 대출 기간이 정해지지 아니한 경우에는 그 대출 기간을 1년으로 보고 대출 기간이 1년 이상인 경우에는 1년이 되는 날의 다음 날에 매년 새로 대출받은 것으로 보아 해당 증여 재산가액을 계산한다.

③ 특수관계인이 아닌 자 간의 거래인 경우에는 거래의 관행상 정당한 사유가 없는 경우에 한정해서 제1항을 적용한다.

④ 제1항에 따른 적정 이자율, 증여일의 판단 및 그 밖에 필요한 사항
은 대통령령으로 정한다.

상속세 및 증여세법 시행령 제31조의4(금전 무상 대출 등에 따른 이익의 계
산 방법 등)

② 법 제41조의4 제1항 각 호 외의 부분 단서에서 "대통령령으로 정하
는 기준 금액"이란 1,000만 원을 말한다.

Tip. 저자의 한마디 ⌐ 금전 차입을 가장한 금전 증여가 많이 이루어지
기 때문에 이에 대해서 국세청에서는 이자의 지
급 및 원금의 상환 여부를 체크하고 있다. 따라서 금전을 대여하는 경
우라면 친인척 간에도 반드시 차용증 작성을 해야 하며, 차용증에는 원
금, 이자율, 이자 지급일, 원금 상환일 등이 정확히 기재되어 있어야 하
며, 법정 이자율이 아니어도 반드시 일부라도 이자 지급을 해야 실제
금전 차입으로 인정받을 수 있다.

Q45 자금출처는 어떻게 대비해야 할까?

Question 자금출처는 어떻게 대비해야 할까?

Answer 1. 자금출처의 가장 바람직한 대비 방법은 납세자 본인의 소득을 적법하게 신고해서 부동산 취득자금의 원천(번 돈)을 최대한 확보하는 것이다. 부동산 자금출처의 금액으로 인정받기 위해서는 객관적인 증빙 자료를 갖추어야 하는데, 신고된 소득금액은 너무나도 명백한 자금출처가 될 수 있기 때문이다. 특히, 자금출처조사는 어떤 사람이 재산을 취득했을 때, 직업, 연령, 소득, 재산 상태 등으로 보아 자력으로 취득했다고 보기 어려운 경우에 진행되므로 명백한 자금출처 확인이 어렵다면, 소득 입증이 어려운 사회 초년생, 대학생, 미성년자 명의 취득은 삼가는 것이 좋다.

2. (소득이 없는데) 불가피하게 취득하는 경우에는 차입금을 활용하길 바란다. 차입금 중 담보 대출을 1순위로 해서 진행하되, 부동산 정책 또는 신용상의 이유로 담보대출이 어렵다면, 신용대출이나 비특수관계인(지인) 간의 차용거래를 2순위로 진행하고, 특수관계인(가족 또는 친인척) 간의 차용거래를 진행할 수밖에 없다면, 차용증(공증)과 금융거래 증빙(매월 이자 지불 내역)을 꼼꼼하게 갖추어 실제로 차입이 있었음을 확인할 수 있도록 한다. 참고로 차용증 작성과 관련된 자세한 내용은 137페이지를 확인하길 바란다.

관련 법령 및 예규 | **상속세 및 증여세법 제45조**(재산취득자금 등의 증여추정)

① 재산 취득자의 직업, 연령, 소득 및 재산 상태 등으로 볼 때 재산을 자력으로 취득했다고 인정하기 어려운 경우로서 대통령령으로 정하는 경우에는 그 재산을 취득한 때에 그 재산의 취득자금을 그 재산 취득자가 증여받은 것으로 추정해서 이를 그 재산 취득자의 증여 재산가액으로한다.

상속세 및 증여세법 시행령 제34조(재산취득자금 등의 증여추정)

① 법 제45조 제1항 및 제2항에서 "대통령령으로 정하는 경우"란 다음 각 호에 따라 입증된 금액의 합계액이 취득재산의 가액 또는 채무의

상환 금액에 미달하는 경우를 말한다. 다만, 입증되지 아니하는 금액이 취득재산의 가액 또는 채무의 상환 금액의 100분의 20에 상당하는 금액과 2억 원 중 적은 금액에 미달하는 경우를 제외한다.

1. 신고했거나 과세(비과세 또는 감면받은 경우를 포함한다. 이하 이 조에서 같다)받은 소득금액
2. 신고했거나 과세받은 상속 또는 수증 재산의 가액
3. 재산을 처분한 대가로 받은 금전이나 부채를 부담하고 받은 금전으로 당해 재산의 취득 또는 당해 채무의 상환에 직접 사용한 금액

사례

〈인적 사항〉

• 수증자 : A   • 증여자 : B   • 주소 : ○○시

〈주요 조사 내용〉

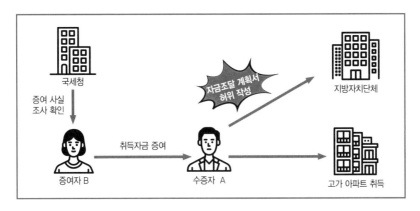

- 관계기관 합동조사 결과 통보된 탈세의심 자료 관련자로서 신고 소득 없이 고가의 아파트를 취득해서 자금출처조사 대상으로 선정
- 조사 결과, 지인으로부터 고가 주택 취득자금을 전액 증여받은 사실이 확인되었으며, 자금조달계획서상 자금 원천으로 기재된 전 거주지 전세보증금 및 특수관계자 차입금이 허위인 것으로 밝혀짐.

〈조치 사항〉

- 부동산 취득자금에 대해서 증여세 ○억 원 추징

Tip. 저자의 한마디 │ 적법하게 부동산을 취득했다고 하더라도, 자금출처 세무조사통지서나 소명안내문을 받는다면 긴장되기 마련이다. 나아가 과세관청(국세청)은 코로나 피해 등에 대해서는 납부기한 연장, 각종 지원금 지급 등의 혜택을 주는 반면, 유독 부동산에 대해서 만큼은 단호한 입장이다. 앞으로도 과세관청(국세청)은 부동산 거래 과정에서 발생하는 변칙적 탈세에 대해서 자산취득부터 부채 상환까지 꼼꼼히 검증해나가겠다고 밝힌 이상, 향후 자금출처계획서 작성부터 세무조사 대응까지 철저히 대비하길 바란다.

취득금액의 80%만 입증하면
된다는 말은 사실일까?

Question 취득금액의 80%만 입증하면 된다는 말은 사실일까?

Answer 맞을 수도 있고, 아닐 수도 있다. 상증세법 시행령 제 34조 재산취득자금 등의 증여추정에 따르면 재산취득 금액 중 "입증되지 아니하는 금액이 취득재산의 가액 또는 채무의 상환 금액의 100분의 20에 상당하는 금액과 2억 원 중 적은 금액에 미달하는 경우를 제외한다"라고 규정되어 있다. 해당 규정만 보면, 마치 80% 만 입증하면 된다고 판단할 수도 있지만, 이는 명백하게 증여받은 내용 이 없는 경우에 적용되는 규정으로 계좌이체 등을 통한 증여 혐의가 확 인되는 경우 증여추정 배제 규정은 적용되지 않고, 취득금액 전액의 출 처를 입증해야 한다.

상속세 및 증여세법 시행령 제34조(재산취득자금 등

의 증여추정)

① 법 제45조 제1항 및 제2항에서 "대통령령으로 정하는 경우"란 다음

각 호에 따라 입증된 금액의 합계액이 취득재산의 가액 또는 채무의

상환 금액에 미달하는 경우를 말한다. 다만, 입증되지 아니하는 금

액이 취득재산의 가액 또는 채무의 상환 금액의 100분의 20에 상당

하는 금액과 2억 원 중 적은 금액에 미달하는 경우를 제외한다.

1. 신고했거나 과세(비과세 또는 감면받은 경우를 포함한다. 이하 이 조

에서 같다)받은 소득금액

2. 신고했거나 과세받은 상속 또는 수증재산의 가액

3. 재산을 처분한 대가로 받은 금전이나 부채를 부담하고 받은 금전

으로 당해 재산의 취득 또는 당해 채무의 상환에 직접 사용한 금액

상속세 및 증여세법 기본 통칙45 – 34 – 1(자금출처로 인정되는 경우)

① 영 제34조 제1항 각 호에 따라 입증된 금액은 다음 각 호의 구분에

따른다.

1. 본인 소유 재산의 처분 사실이 증빙에 따라 확인되는 경우 그 처

분 금액(그 금액이 불분명한 경우에는 법 제60조부터 제66조까지에

따라 평가한 가액)에서 양도소득세 등 공과금 상당액을 뺀 금액

2. 기타 신고했거나 과세받은 소득금액은 그 소득에 대한 소득세 등

공과금 상당액을 뺀 금액

3. 농지 경작 소득

4. 재산 취득일 이전에 차용한 부채로서 영 제10조 규정의 방법에 따라 입증된 금액. 다만, 원칙적으로 배우자 및 직계존비속 간의 소비대차는 인정하지 아니한다.

5. 재산 취득일 이전에 자기 재산의 대여로서 받은 전세금 및 보증금

6. 제1호 내지 제5호 이외의 경우로서 자금출처가 명백하게 확인되는 금액

② 제1항에 따라 자금출처를 입증할 때 그 재산의 취득자금을 증여받은 재산으로 해서 자금출처를입증하는 경우에는 영 제34조 제1항 단서의 규정을 적용하지 아니한다.

Tip. 저자의 한마디 증여추정 배제기준을 적용할 시 가장 주의해야 할 점은 상증세법 기본 통칙 45 – 34 – 1(자금출처로 인정되는 경우) 단서 조항에 나와 있는 것처럼 그 재산의 취득자금을 증여로 자금출처를 입증하는 경우, 증여추정 배제기준이 적용되지 않는다는 것이다. 다시 말해, 80%에 해당하는 원천(번 돈) 금액 중에 증여받은 금액으로 80%가 되는 경우에는 20%와 2억 원 중 적은 금액을 배제하는 규정을 적용하지 않고, 100%를 입증해야 한다는 말이다.

친인척 차용 금액에 대한 이자를 지불하다가 중단하면 문제가 될까?

Question 친인척 차용 금액에 대한 이자를 지불하다가 중단하면 문제가 될까?

Answer 문제가 될 수 있다. 특수관계인(친인척 등)으로부터 취득자금을 빌린 후 이자를 지급하지 않는다면, 납세자 본인이 직접 은행으로부터 금액을 차입한 경우에 비해서 이자상당액만큼 이익이 생긴다. 관련 법에 따르면, 금전 무상대출 증여의제로 보아 차용 금액에 4.6%를 곱한 금액만큼을 증여세 신고해야 한다.

관련 법령 및 예규 **상속세 및 증여세법 제41조의4**(금전 무상대출 등에 따른 이익의 증여)

① 타인으로부터 금전을 무상으로 또는 적정 이자율보다 낮은 이자율로 대출받은 경우에는 그 금전을 대출받은 날에 다음 각 호의 구분에 따른 금액을 그 금전을 대출받은 자의 증여 재산가액으로 한다. 다만, 다음 각 호의 구분에 따른 금액이 대통령령으로 정하는 기준 금액 미만인 경우는 제외한다.

   1. 무상으로 대출받은 경우 : 대출 금액에 적정 이자율을 곱해서 계산한 금액

   2. 적정 이자율보다 낮은 이자율로 대출받은 경우 : 대출 금액에 적정 이자율을 곱해서 계산한 금액에서 실제 지급한 이자상당액을 뺀 금액

② 제1항을 적용할 때 대출 기간이 정해지지 아니한 경우에는 그 대출 기간을 1년으로 보고, 대출 기간이 1년 이상인 경우에는 1년이 되는 날의 다음 날에 매년 새로 대출받은 것으로 보아 해당 증여 재산 가액을 계산한다.

상속세 및 증여세법 시행령 제31조의4(금전 무상대출 등에 따른 이익의 계산 방법 등)

① 법 제41조의4 제1항 각 호 외의 부분 본문에서 "적정 이자율"이란 당좌 대출 이자율을 고려해서 기획재정부령으로 정하는 이자율을 말한다. 다만, 법인으로부터 대출받은 경우에는 '법인세법 시행령' 제89조 제3항에 따른 이자율을 적정 이자율로 본다.

② 법 제41조의4 제1항 각 호 외의 부분 단서에서 "대통령령으로 정하는 기준 금액"이란 1,000만 원을 말한다.

③ 법 제41조의4 제1항에 따른 이익은 금전을 대출받은 날(여러 차례 나누어 대부받은 경우에는 각각의 대출받은 날을 말한다)을 기준으로 계산한다.

법인세법 시행규칙 제43조(가중평균차입이자율의 계산 방법 등)

② 영 제89조 제3항 각 호 외의 부분 단서에서 "기획재정부령으로 정하는 당좌대출이자율"이란 연간 1,000분의 46을 말한다.

Tip. 저자의 한마디   타인으로부터 금전을 무상 또는 저리로 대여했다고 해서 이자상당액만큼 무조건 증여세가 과세되지는 않는다. 법령에 따르면, 1년 단위로 이자상당액은 연간 1,000만 원을 초과해야만 증여세가 과세된다. 예를 들어, 2억 원을 무상 차용하는 경우, 법정 이자는 9,200,000원이므로, 증여세 과세가 되지 않는다. 다만, 금전 차용의 경우, 차용증의 공증 및 추후 차용 금액의 상환 등의 사후관리에 철저히 대비해야 한다.

특수관계인 또는 비특수관계인에게 돈을 빌리고 이자를 지급했을 때 이자소득세가 과세될까?

Question | 특수관계인 또는 비특수관계인에게 돈을 빌리고 이자를 지급했을 때 이자소득세가 과세될까?

Answer | 그렇다. 원천징수세율은 25%(지방소득세율은 2.5%)에 해당되며, 이자소득 금액이 2,000만 원을 초과하는 경우, 종합소득으로 합산과세된다.

관련 법령 및 예규 | **소득세법 제14조**(과세표준의 계산)

③ 다음 각 호에 따른 소득의 금액은 종합소득 과세표준을 계산할 때 합산하지 아니한다.

6. 제3호부터 제5호까지의 규정 외의 이자소득과 배당소득(제17조 제

1항 제8호에 따른 배당소득은 제외한다)으로서 그 소득의 합계액이 2,000만 원(이하 "이자소득 등의 종합과세 기준 금액"이라 한다)이하이 면서 제127조에 따라 원천징수된 소득

소득세법 제16조(이자소득)

① 이자소득은 해당 과세 기간에 발생한 다음 각 호의 소득으로 한다.

11. 비영업대금(非營業貸金)의 이익

소득세법 제129조(원천징수세율)

① 원천징수 의무자가 제127조 제1항 각 호에 따른 소득을 지급해서 소득세를 원천징수할 때 적용하는 세율(이하 "원천징수 세율"이라 한 다)은 다음 각 호의 구분에 따른다.

1. 이자소득에 대해서는 다음에 규정하는 세율

    나. 비영업 대금의 이익에 대해서는 100분의 25

Tip. 저자의 한마디 사업자가 없는 개인 간의 금전 거래의 경우, 현 실적으로 이자소득의 원천징수를 누락하는 것이 대부분이나 이자소득을 지급하는 자가 사업자등록이 없더라도 이자 지 급 시, 주소지 관할 세무서에 원천징수하고 납부하는 것이 원칙이다(지 방세 포함 27.5% 원천징수).

원천징수 시기는 약정에 의한 이자 지급일과 실제 이자 지급일 중 빠른 날이며, 이에 다음 달 10일까지 원천세를 신고, 납부한다. 하지만 만약 지급자가 원천징수를 이행하지 않았다면, 소득자는 반드시 내년 5월 소득세 확정신고 시, 이자소득을 반영해서 신고해야 하며, 세무조사 시 추징되는 경우 가산세(신고불성실가산세, 납부지연가산세 등)가 부과되니 유의하기 바란다.

부담부증여에 대한 정의와 방향성 설계는 어떻게 할 것인가?

Question 부담부증여에 대한 정의와 방향성 설계는 어떻게 할 것인가?

Answer 부담부증여란 부동산 등의 자산을 임대 보증금, 담보 설정된 금융 채무 등을 포함해서 증여하는 것을 말한다. 세액 계산 시, 증여한 금액 중 담보된 채무만큼은 대가성이 있는 것으로 보아 양도소득세가 과세되고, 나머지 차액만큼은 증여세가 과세된다.

양도소득세와 증여세로 나누어 계산되니, 세 부담이 줄지 않을까 생각할 수 있으나, 양도소득세에는 별도로 중과세되는 부분이 있으므로, 무조건 유리하지는 않다. 예를 들어, 1세대 1주택 비과세가 되는 주택을 보유한다면, 부담부증여가 유리하나, 중과세되는 1세대 2주택 이상 자나 비사업용 토지 양도에 해당해서 중과세 적용되는 경우는 오히려 부담부증여가 불리하다.

부담부증여로 진행할 것을 결정했다면, 채무로 인정받기 위해서 다음의 3가지 요건을 모두 충족해야 한다.

1. 증여일 현재, 증여 재산에 담보된 채무가 있어야 한다.

2. 해당 채무의 실질적인 채무자가 증여자이어야 한다.

3. 수증자가 해당 채무를 인수해야 한다.

관련 법령 및 예규 **상속세 및 증여세법 제47조**(증여세 과세가액)

① 증여세 과세가액은 증여일 현재, 이 법에 따른 증여 재산가액을 합친 금액(제31조 제1항 제3호, 제40조 제1항 제2호·제3호, 제41조의3, 제41조의5, 제42조의3 및 제45조의 2부터 제45조의 4까지의 규정에 따른 증여 재산(이하 "합산 배제 증여 재산"이라 한다)의 가액은 제외한다)에서 그 증여 재산에 담보된 채무(그 증여 재산에 관련된 채무 등 대통령령으로 정하는 채무를 포함한다)로서 수증자가 인수한 금액을 뺀 금액으로 한다.

상속세 및 증여세법 시행령 제36조(증여세 과세가액에서 공제되는 채무)

① 법 제47조 제1항에서 "그 증여 재산에 관련된 채무 등 대통령령으로 정하는 채무"란 증여자가 해당 재산을 타인에게 임대한 경우의 해당 임대 보증금을 말한다.

심사 청구(상증, 심사 증여 2002 – 0032, 2002. 05. 13, 기각, 완료)

(제목)

부담부증여를 부인하고 증여세를 과세한 처분의 당부

(요지)

직계존비속 간의 부담부증여에 대해서는 수증자가 증여자의 채무를 인수한 경우에도 당해 채무액은 수증자에게 인수되지 아니한 것으로 추정하도록 규정되어 있고, 수증자는 학생으로서 채무를 변제할 소득원이 없는 바, 부담부증여로 보지 않고 증여세를 부과한 처분은 정당함.

소득세법 제88조(정의)

1. "양도"란 자산에 대한 등기 또는 등록과 관계없이 매도, 교환, 법인에 대한 현물출자 등을 통해서 그 자산을 유상(有償)으로 사실상 이전하는 것을 말한다. 이 경우 대통령령으로 정하는 부담부증여(負擔附贈與)의 채무액에 해당하는 부분은 양도로 보며, 다음 각 목의 어느 하나에 해당하는 경우에는 양도로 보지 아니한다.

   가. '도시개발법'이나 그 밖의 법률에 따른 환지 처분으로 지목 또는 지번이 변경되거나 보류지(保留地)로 충당되는 경우

   나. 토지의 경계를 변경하기 위해서 '공간정보의 구축 및 관리 등에 관한 법률' 제79조에 따른 토지의 분할 등 대통령령으로 정하는 방법과 절차로 하는 토지 교환의 경우

   다. 위탁자와 수탁자 간 신임관계에 기하여 위탁자의 자산에 신탁

이 설정되고, 그 신탁재산의 소유권이 수탁자에게 이전된 경우로서 위탁지가 신탁 설정을 해지하거나 신탁의 수익자를 변경할 수 있는 등 신탁재산을 실질적으로 지배하고 소유하는 것으로 볼 수 있는 경우

사례

부담부증여에 따른 증여세 및 양도세 부담 내역 비교(2020년 증여한다고 가정)

(사례)

아파트(조정 대상 지역)의 증여 당시 시가 : 8억 원

담보된 채무액 : 4억 원

취득금액 : 1억 원

아버지가 아들에게 증여하고자 하며, 현재 시점으로부터 소급해서 10년 내에 증여받은 사실 없음.

1. 1세대 1주택자가 부담부증여할 경우

증여세 부담액 : (800,000,000원 − 400,000,000원 − 50,000,000원)×

세율 = 58,200,000원

양도세 부담액 : 0원

최종 부담 세액 : 58,200,000원

2. 1세대 2주택자가 부담부증여할 경우

증여세 부담액 : (800,000,000원 − 400,000,000원 − 50,000,000원)

×세율 = 58,200,000원

양도세 부담액 : {(800,000,000원 − 100,000,000원)

×4/8(채무액/시가) − 2,500,000원}

×중과세율(기본세율+10%) = 148,350,000원

지방소득세 : 148,350,000×10% = 14,835,000

최종 부담 세액 : 221,385,000원

3. 전액 무상증여할 경우

증여세 부담액 : (800,000,000원 − 50,000,000원)×세율

= 160,050,000원

Tip. 저자의 한마디 상속세와 증여세는 신고한 내역에 대해서 정부가 세무조사 등을 통해서 결정해야만 확정된다. 세액 결정 시, 부담부증여로 인수한 채무액(금융 채무, 임대보증금, 전세금 등)은 국세청 전산망에 입력되어 사후관리되고 있다. 추후 사후관리 시, 부채 및 이자가 무슨 자금으로 상환되었는지를 모두 확인하며, 자금출처가 소명되지 않는다면 추가적인 증여세가 과세될 수 있다. 따라서 부담부증여를 진행한다면 원리금 상환 등 사후관리도 철저히 대비하길 바란다.

증여는 어떻게 하는 것이 좋을까?

Question 증여는 어떻게 하는 것이 좋을까?

Answer

1. 증여 공제를 활용해서 10년 단위로 증여 계획을 수립

　　동일한 증여자로부터 증여받은 경우, 10년간 합산해서 세액을 계산하므로 증여세 누진세율 구조에서 10년 주기로 증여하는 것이 유리하다. 이 경우, 배우자는 6억 원, 직계존비속은 5,000만 원(단, 직계비속이 미성년자인 경우 2,000만 원), 그 외 법에 따른 친인척의 경우는 1,000만 원까지 공제가 되므로 해당 금액 내에서 증여가 이루어진다면 증여세가 발생하지 않는다.

2. 가격 상승이 예상되는 자산을 미리 증여

　　상속세 계산 시, 상속인의 경우 10년 이내 증여, 상속인 외의 자인 경우 5년 이내 증여받은 자산은 합산해서 상속세를 계산한다는 규정이 있다. 이 경우, 합산 금액은 상속 당시 시가가 아닌 증여 당시 시가로 평가되므로 증여 이후의 자산 가치 상승분에 대한 상속세 부담이 없다.

3. 부담부증여는 유리한 경우에만 활용

다주택자 중과 규정이 만들어진 이래로 무조건 부담부증여가 유리한 것은 아니다. 토지, 상가, 1세대 1주택 비과세 적용 주택의 경우에는 부담부증여가 유리하나, 중과 규정이 적용되는 다주택자가 주택을 증여하는 경우 오히려 부담부증여가 불리할 수 있다.

4. 자녀의 창업자금을 지원한다면 창업자금 증여 특례 활용

자녀가 중소기업을 창업하는 경우 법에 따른 요건들을 충족한다면 창업자금에 대해서 증여세 과세가액에서 5억 원을 공제하고, 세율을 10%로 해서 증여세 부과 후 상속 시 정산하는 제도가 있다. 다만, 증여받은 금액으로 창업하지 않거나 창업 후 10년 이내 폐업하는 등의 사유가 발생한다면, 이자상당액을 포함해서 증여세를 추징하므로 활용 시 유의하길 바란다.

5. 세대 생략 증여를 활용

새대 생략 증여란 자녀에게 증여하지 않고, 손자녀에게 바로 증여하

는 것을 말하며, 이 경우 증여세의 30%(20억 원 초과 시 40%)가 할증
된다. 단순히 할증된다리는 사실만 생각해시 무조건 불리하다고 생
각하기 쉬운데, 경우에 따라서는 할증되더라도 손자녀에게 직접 증
여하는 것이 유리하기도 하다. 예를 들어, 할아버지가 손자에게 1
억 원을 증여하는 경우, 아들을 거쳐 손자에게 증여하는 경우 각각
1,000만 원의 세금이 발생해서 총 2,000만 원의 세금이 발생하지
만, 손자에게 직접 증여한다면 1,300만 원만 부담하면 된다(단, 증여
재산 공제와 10년 내 다른 증여 자산은 없다는 가정).

6. 신고기한 내에 신고해서 신고세액공제 활용

증여세를 신고기한 내에 신고하는 것만으로도 산출세액의 3%가 공
제된다.

7. 5년 후 양도 계획이 있는 자산이라면 현재 증여하는 것이 유리

양도일로부터 소급해서 5년 이내에 그 배우자(양도 당시 혼인관계가
소멸된 경우를 포함하되, 사망으로 혼인관계가 소멸된 경우는 제외) 또는
직계존비속으로부터 증여받은 토지, 건물, 특정 시설물 이용권을 양
도해서 양도 차익을 계산할 때, 양도 금액과 최초 취득 당시 취득금
액의 차이로 산정된다. 따라서 자산가액이 상승할 것으로 예상되는
자산의 경우, 증여 후 5년을 경과해서 양도하는 것이 유리하다. 또
한 배우자 또는 직계존비속이 아닌 특수관계인에 해당되더라도 5년

이내에 양도 시, 증여자가 직접 양도한 경우와 증여 후 양도한 경우의 세액을 비교해서 큰 세액을 납부해야 하는 규정도 있으니, 기타 친인척이더라도 5년 경과 후 양도하는 것이 유리하다.

관련 법령 및 예규 **상속세 및 증여세법 제53조**(증여 재산 공제)

거주자가 다음 각 호의 어느 하나에 해당하는 사람으로부터 증여를 받은 경우에는 다음 각 호의 구분에 따른 금액을 증여세 과세가액에서 공제한다. 이 경우 수증자를 기준으로 그 증여를 받기 전 10년 이내에 공제받은 금액과 해당 증여가액에서 공제받을 금액을 합친 금액이 다음 각 호의 구분에 따른 금액을 초과하는 경우에는 그 초과하는 부분은 공제하지 아니한다.

1. **배우자로부터 증여를 받은 경우** : 6억 원
2. **직계존속**[수증자의 직계존속과 혼인(사실혼은 제외한다. 이하 이 조에서 같다) 중인 배우자를 포함한다]**으로부터 증여를 받은 경우** : 5,000만 원. 다만, 미성년자가 직계존속으로부터 증여를 받은 경우에는 2,000만 원으로 한다.
3. **직계비속**(수증자와 혼인 중인 배우자의 직계비속을 포함한다)**으로부터 증여를 받은 경우** : 5,000만 원
4. **제2호 및 제3호의 경우 외에 6촌 이내의 혈족, 4촌 이내의 인척으로부터 증여를 받은 경우** : 1,000만 원

상속세 및 증여세법 제13조(상속세 과세가액)

① 상속세 과세가액은 상속 재산의 가액에서 제14조에 따른 것을 뺀 후 다음 각 호의 재산가액을 가산한 금액으로 한다. 이 경우 제14조에 따른 금액이 상속 재산의 가액을 초과하는 경우 그 초과액은 없는 것으로 본다.

  1. 상속 개시일 전 10년 이내에 피상속인이 상속인에게 증여한 재산가액

  2. 상속 개시일 전 5년 이내에 피상속인이 상속인이 아닌 자에게 증여한 재산가액

조세특례제한법 제30조의5(창업자금에 대한 증여세 과세 특례)

① 18세 이상인 거주자가 제6조 제3항 각 호에 따른 업종을 영위하는 중소기업을 창업할 목적으로 60세 이상의 부모(증여 당시 아버지나 어머니가 사망한 경우에는 그 사망한 아버지나 어머니의 부모를 포함한다. 이하 이 조에서 같다)로부터 토지·건물 등 대통령령으로 정하는 재산을 제외한 재산을 증여받는 경우에는 '상속세 및 증여세법' 제53조 및 제56조에도 불구하고 해당 증여받은 재산의 가액 중 대통령령으로 정하는 창업자금[증여세 과세가액 30억 원(창업을 통해서 10명 이상을 신규 고용한 경우에는 50억 원)을 한도로 하며, 이하 이 조에서 "창업자금"이라 한다]에 대해서는 증여세 과세가액에서 5억 원을 공제하고 세율을 100분의 10으로 해서 증여세를 부과한다. 이 경우 창업자금

을 2회 이상 증여받거나 부모로부터 각각 증여받는 경우에는 각각
의 증여세 과세가액을 합산해서 적용한다(중략).

상속세 및 증여세법 제57조(직계비속에 대한 증여의 할증과세)
① 수증자가 증여자의 자녀가 아닌 직계비속인 경우에는 증여세 산출
세액의 100분의 30(수증자가 증여자의 자녀가 아닌 직계비속이면서 미
성년자인 경우로서 증여 재산가액이 20억 원을 초과하는 경우에는 100분
의 40)에 상당하는 금액을 가산한다. 다만, 증여자의 최근친(最近親)
인 직계비속이 사망해서 그 사망자의 최근친인 직계비속이 증여받
은 경우에는 그러하지 아니하다.

상속세 및 증여세법 제69조(신고세액공제)
② 제68조에 따라 증여세 과세표준을 신고한 경우에는 증여세 산출세액
(제57조에 따라 산출세액에 가산하는 금액을 포함한다)에서 다음 각 호의
금액을 공제한 금액의 100분의 3에 상당하는 금액을 공제한다.
  1. 제75조에 따라 징수를 유예받은 금액
  2. 이 법 또는 다른 법률에 따라 산출세액에서 공제되거나 감면되는
     금액

소득세법 제97조의2(양도소득의 필요경비 계산 특례)
① 거주자가 양도일로부터 소급해서 5년 이내에 그 배우자(양도 당시 혼

인관계가 소멸된 경우를 포함하되 사망으로 혼인관계가 소멸된 경우는 제외한다. 이하 이 항에서 같다) 또는 직계존비속으로부터 증여받은 제94조 제1항 제1호에 따른 자산이나 그 밖에 대통령령으로 정하는 자산의 양도 차익을 계산할 때 양도가액에서 공제할 필요경비는 제97조 제2항에 따르되 취득가액은 그 배우자 또는 직계존비속의 취득 당시 제97조 제1항 제1호에 따른 금액으로 한다. 이 경우 거주자가 증여받은 자산에 대해서 납부했거나 납부할 증여세 상당액이 있는 경우에는 제97조 제2항에도 불구하고 필요경비에 산입한다(중략).

PART
04

자금조달계획서

자금조달계획서 작성 방법 및 주의사항은 무엇일까?

Question 자금조달계획서 작성 방법 및 주의사항은 무엇일까?

Answer 주택자금조달계획서 및 입주계획서란 일정 요건을 만족하는 주택을 취득하는 경우에 제출해야 하는 서류로서 부동산을 취득한 자금에 대한 원천을 파악하는 데 사용된다. 즉, 어떠한 돈으로 주택을 구입했는지 확인하는 서류라고 생각하면 된다.

관련 법령 및 예규 **부동산 거래 신고 등에 관한 법률 제3조**(부동산 거래의 신고)

① 거래 당사자는 다음 각 호의 어느 하나에 해당하는 계약을 체결한 경우 그 실제 거래 가격 등 대통령령으로 정하는 사항을 거래 계약

의 체결일로부터 30일 이내에 그 권리의 대상인 부동산 등(권리에 관한 계약의 경우에는 그 권리의 대상인 부동산을 말한다)의 소재지를 관할하는 시장(구가 설치되지 아니한 시의 시장 및 특별자치시장과 특별자치도 행정시의 시장을 말한다)·군수 또는 구청장(이하 "신고 관청"이라 한다)에게 공동으로 신고해야 한다. 다만, 거래 당사자 중 일방이 국가, 지방자치단체, 대통령령으로 정하는 자의 경우(이하 "국가 등"이라 한다)에는 국가 등이 신고를 해야 한다.

1. 부동산의 매매 계약

■ 부동산 거래 신고 등에 관한 법률 시행령 [별표 1] (신설 2020. 10. 27)

부동산 거래 신고 사항(제3조 제1항 관련)

구분	신고 사항
1. 공통	가. 거래 당사자의 인적사항 나. 계약 체결일, 중도금 지급일 및 잔금 지급일 다. 거래 대상 부동산(부동산을 취득할 수 있는 권리에 관한 계약의 경우에는 그 권리의 대상인 부동산을 말한다) 등의 소재지·지번·지목 및 면적 라. 거래 대상 부동산 등의 종류(부동산을 취득할 수 있는 권리에 관한 계약의 경우에는 그 권리의 종류를 말한다) 마. 실제 거래 가격 바. 계약의 조건이나 기한이 있는 경우에는 그 조건 또는 기한 사. 개업공인중개사가 거래 계약서를 작성·교부한 경우에는 다음의 사항 　　1) 개업공인중개사의 인적사항 　　2) 개업공인중개사가 '공인중개사법' 제9조에 따라 개설등록한 중개사무소의 상호·전화번호 및 소재지

구분	신고 사항
2. 법인이 주택의 거래 계약을 체결하는 경우	가. 법인의 현황에 관한 다음의 사항(거래 당사자 중 국가 등이 포함되어 있거나 거래 계약이 법 제3조 제1항 제2호 또는 같은 항 제3호 가목에 해당하는 경우는 제외한다) 1) 법인의 등기 현황 2) 법인과 거래 상대방 간의 관계가 다음의 어느 하나에 해당하는지 여부 　가) 거래 상대방이 개인인 경우 : 그 개인이 해당 법인의 임원이거나 법인의 임원과 친족 관계가 있는 경우 　나) 거래 상대방이 법인인 경우 : 거래 당사자인 매도 법인과 매수 법인의 임원 중 같은 사람이 있거나 거래 당사자인 매도 법인과 매수 법인의 임원 간 친족 관계가 있는 경우 나. 주택 취득 목적 및 취득자금 등에 관한 다음의 사항(법인이 주택의 매수자인 경우만 해당한다) 1) 거래 대상인 주택의 취득 목적 2) 거래 대상 주택의 취득에 필요한 자금의 조달계획 및 지급방식. 이 경우 투기과열지구에 소재하는 주택의 거래 계약을 체결한 경우에는 자금의 조달계획을 증명하는 서류로서 국토교통부령으로 정하는 서류를 첨부해야 한다. 3) 임대 등 거래 대상 주택의 이용계획
3. 법인 외의 자가 실제 거래 가격이 6억 원 이상인 주택을 매수하거나 투기과열지구 또는 조정 대상 지역에 소재하는 주택을 매수하는 경우(거래 당사자 중 국가 등이 포함되어 있는 경우는 제외한다)	가. 거래 대상 주택의 취득에 필요한 자금의 조달계획 및 지급방식. 투기과열지구에 소재하는 주택의 거래 계약을 체결한 경우 매수자는 자금의 조달계획을 증명하는 서류로서 국토교통부령으로 정하는 서류를 첨부해야 한다. 나. 거래 대상 주택에 매수자 본인이 입주할지 여부, 입주 예정 시기 등 거래 대상 주택의 이용계획

주택취득자금 조달 및 입주계획서

※ 색상이 어두운 난은 신청인이 적지 않으며, [ ]에는 해당되는 곳에 ✓표시를 합니다.   (앞쪽)

접수번호		접수일시		처리기간	
제출인 (매수인)	성명(법인명)			주민등록번호(법인·외국인등록번호)	
	주소(법인 소재지)			(휴대)전화번호	

① 자금 조달계획	자기 자금	② 금융기관 예금액 원		③ 주식·채권 매각 대금 원	
		④ 증여·상속 원		⑤ 현금 등 그 밖의 자금 원	
		[ ] 부부 [ ] 직계존비속(관계 : ___) [ ] 그 밖의 관계(___)		[ ] 보유 현금 [ ] 그 밖의 자산(종류 : ___)	
		⑥ 부동산 처분대금 등 원		⑦ 소계 원	
	차입금 등	⑧ 금융기관 대출액 합계 원	주택담보대출		원
			신용대출		원
			그 밖의 대출		원
				(대출 종류 : ___)	
		기존 주택 보유 여부(주택담보대출이 있는 경우만 기재) [ ] 미보유 [ ] 보유 (___ 건)			
		⑨ 임대보증금 원		⑩ 회사 지원금·사채 원	
		⑪ 그 밖의 차입금 원		⑫ 소계	
		[ ] 부부 [ ] 직계존비속(관계 : ___) [ ] 그 밖의 관계(___)			원
	⑬ 합계				원
⑭ 조달자금 지급방식	총거래 금액				원
	⑮ 계좌이체 금액				원
	⑯ 보증금·대출 승계 금액				원
	⑰ 현금 및 그 밖의 지급방식 금액				원
	지급 사유 (___)				
⑱ 입주 계획	[ ] 본인 입주 [ ] 본인 외 가족 입주 (입주 예정 시기 : ___ 년 ___ 월)		[ ] 임대 (전·월세)	[ ] 그 밖의 경우 (재건축 등)	

'부동산 거래 신고 등에 관한 법률 시행령' 별표1 제2호 나목, 같은 표 제3호 가목 전단, 같은 호 나목 및 같은 법 시행
규칙 제2조 제6항부터 제9항까지의 규정에 따라 위와 같이 주택취득자금 조달 및 입주계획서를 제출합니다.

년   월   일

제출인

(서명 또는 인)

시장·군수·구청장 귀하

첨부 서류	투기과열지구에 소재하는 주택의 거래 계약을 체결한 경우에는 다음 각 호의 구분에 따른 서류를 첨부해야 합니다. 이 경우 주택취득자금 조달 및 입주계획서의 제출일을 기준으로 주택취득에 필요한 자금의 대출이 실행되지 않았거나 본인 소유 부동산의 매매계약이 체결되지 않은 경우 등 항목별 금액 증명이 어려운 경우에는 그 사유서를 첨부하면 됩니다. 1. 금융기관 예금액 항목을 적은 경우 : 예금잔액증명서 등 예금 금액을 증명할 수 있는 서류 2. 주식·채권 매각 대금 항목을 적은 경우 : 주식거래내역서 또는 예금잔액증명서 등 주식·채권 매각 금액을 증명할 수 있는 서류 3. 증여·상속 항목을 적은 경우 : 증여세·상속세 신고서 또는 납세증명서 등 증여 또는 상속받은 금액을 증명할 수 있는 서류 4. 현금 등 그 밖의 자금 항목을 적은 경우 : 소득금액증명원 또는 근로소득 원천징수영수증 등 소득을 증명할 수 있는 서류 5. 부동산 처분 대금 등 항목을 적은 경우 : 부동산 매매계약서 또는 부동산 임대차계약서 등 부동산 처분 등에 따른 금액을 증명할 수 있는 서류 6. 금융기관 대출액 합계 항목을 적은 경우 : 금융거래확인서, 부채증명서 또는 금융기관 대출신청서 등 금융기관으로부터 대출받은 금액을 증명할 수 있는 서류 7. 임대보증금 항목을 적은 경우 : 부동산 임대차계약서 8. 회사지원금·사채 또는 그 밖의 차입금 항목을 적은 경우 : 금전을 빌린 사실과 그 금액을 확인할 수 있는 서류

작성방법

1. ① "자금조달계획"에는 해당 주택의 취득에 필요한 자금의 조달계획을 적고, 매수인이 다수인 경우 각 매수인별로 작성해야 하며, 각 매수인별 금액을 합산한 총금액과 거래 신고된 주택거래 금액이 일치해야 합니다.
2. ②~⑥에는 자기자금을 종류별로 구분하여 중복되지 않게 적습니다.
3. ② "금융기관 예금액"에는 금융기관에 예치되어 있는 본인 명의의 예금(적금 등)을 통해 조달하려는 자금을 적습니다.
4. ③ "주식·채권 매각대금"에는 본인 명의 주식·채권 및 각종 유가증권 매각 등을 통해 조달하려는 자금을 적습니다.
5. ④ "증여·상속"에는 가족 등으로부터 증여받거나 상속받아 조달하는 자금을 적고, 자금을 제공한 자와의 관계를 해당 난에 √표시를 하며, 부부 외의 경우 해당 관계를 적습니다.
6. ⑤ "현금 등 그 밖의 자금"에는 현금으로 보유하고 있는 자금 및 자기 자금 중 다른 항목에 포함되지 않는 그 밖의 본인 자산을 통해 조달하려는 자금(금융기관 예금액 외의 각종 금융상품 및 간접 투자 상품을 통해 조달하려는 자금 포함)을 적고, 해당 자금이 보유하고 있는 현금일 경우 "보유 현금"에 √표시를 하고, 현금이 아닌 경우 "그 밖의 자산"에 √표시를 하고 자산의 종류를 적습니다.
7. ⑥ "부동산 처분 대금 등"에는 본인 소유 부동산의 매도, 기존 임대보증금 회수 등을 통해 조달하려는 자금 또는 재건축, 재개발 시 발생한 종전 부동산 권리가액 등을 적습니다.
8. ⑦ "소계"에는 ②~⑥의 합계액을 적습니다.
9. ⑧~⑪에는 자기자금을 제외한 차입금 등을 종류별로 구분하여 중복되지 않게 적습니다.
10. ⑧ "금융기관 대출액 합계"에는 금융기관으로부터 대출을 통해 조달하려는 자금 또는 매도인의 대출금 승계 자금을 적고, 주택담보대출·신용대출인 경우 각 해당란에 대출액을 적으며, 그 밖의 대출인 경우 대출액 및 대출 종류를 적습니다. 또한 주택담보 대출액이 있는 경우 "기존 주택 보유 여부"의 해당란에 √표시를 합니다. 이 경우 기존 주택은 신고하려는 거래계약 대상인 주택은 제외하며, 주택을 취득할 수 있는 권리와 주택을 지분으로 보유하고 있는 경우는 포함하며, "기존 주택 보유 여부" 중 "보유"에 √표시를 한 경우에는 기존 주택 보유 수(지분으로 보유하고 있는 경우에는 각 건별로 계산합니다)를 적습니다.
11. ⑨ "임대보증금"에는 취득 주택의 신규 임대차 계약 또는 매도인으로부터 승계한 임대차 계약의 임대보증금 등 임대를 통해 조달하는 자금을 적습니다.
12. ⑩ "회사지원금·사채"에는 금융기관 외의 법인, 개인사업자로부터 차입을 통해 조달하려는 자금을 적습니다.
13. ⑪ "그 밖의 차입금"에는 ⑧~⑩에 포함되지 않는 차입금 등을 적고, 자금을 제공한 자와의 관계를 해당란에 √표시를 하고 부부 외의 경우 해당 관계를 적습니다.
14. ⑫에는 ⑧~⑪의 합계액을, ⑬에는 ⑦과 ⑫의 합계액을 적습니다.
15. ⑭ "조달 자금 지급 방식"에는 조달한 자금을 매도인에게 지급하는 방식 등을 각 항목별로 적습니다.
16. ⑮ "계좌이체 금액"에는 금융기관 계좌이체로 지급했거나 지급 예정인 금액 등 금융기관을 통해서 자금지급 확인이 가능한 금액을 적습니다.
17. ⑯ "보증금·대출 승계 금액"에는 종전 임대차계약 보증금 또는 대출금 승계 등 매도인으로부터 승계했거나 승계 예정인 자금의 금액을 적습니다.
18. ⑰ "현금 및 그 밖의 지급방식 금액"에는 ⑮, ⑯ 외의 방식으로 지급했거나 지급 예정인 금액을 적고 계좌이체가 아닌 현금(수표) 등의 방식으로 지급하는 구체적인 사유를 적습니다.
19. ⑱ "입주 계획"에는 해당 주택의 거래 계약을 체결한 이후 첫 번째 입주자 기준(다세대, 다가구 등 2세대 이상인 경우에는 해당 항목별 중복하여 적습니다)으로 적으며, "본인 입주"란 매수자 및 주민등록상 동일 세대원이 함께 입주하는 경우를, "본인 외 가족 입주"란 매수자와 주민등록상 세대가 분리된 가족이 입주하는 경우를 말하며, 이 경우에는 입주 예정 시기 연월을 적습니다. 또한 재건축 추진 또는 멸실 후 신축 등 해당 주택에 입주 또는 임대하지 않는 경우 등에는 "그 밖의 경우"에 √표시를 합니다.

법인 자금조달계획서 작성 시 차이점은 무엇일까?

Question | 법인 자금조달계획서 작성 시 차이점은 무엇일까?

Answer | 앞서 Q51의 '자금조달계획서 작성 방법 및 주의사항'의 기본적인 내용과 거의 비슷하다고 생각하면 된다. 다만, 법인의 경우에는 〈법인 주택 거래 계약 신고서〉를 추가 제출해야 한다.

관련 법령 및 예규 | **부동산 거래 신고 등에 관한 법률 시행규칙 제2조**(부동산 거래의 신고)

⑤ 법인이 영 별표1 제2호 가목에 따른 사항을 신고해야 하는 경우에는 제1항부터 제4항까지의 규정에 따라 신고서를 제출할 때 별지

제1호의2 서식의 〈법인 주택 거래 계약 신고서〉(이하 이 조에서 "법인 신고서"라 한다)를 신고 관청에 함께 제출해야 한다.

증여세 신고를 안 하고 나중에 세무조사 때 걸리면 추징 세액이 얼마나 될까?

Question 증여세 신고를 안 하고 나중에 세무조사 때 걸리면 추징 세액이 얼마나 될까?

Answer 본래 납부했어야 할 본세가 추징되고, 추후 세무조사로 인해서 세액 계산 시에는 신고기한 내에 신고하지 않았으므로, 당초 신고기한 내에 신고했으면 적용되었을 신고세액공제(3%)가 적용되지 않는다. 또한, 무신고한 세액의 20%(사기 기타 부정한 행위로 인정되는 경우 40%)와 납부지연가산세(연 9.125%)가 부과된다.

관련 법령 및 예규 **상속세 및 증여세법 제69조**(신고세액공제)

② 제68조에 따라 증여세 과세표준을 신고한 경우에는 증여세 산출세액(제57조에 따라 산출세액에 가산하는 금액을 포함한다)에서 다음 각 호의 금액을 공제한 금액의 100분의 3에 상당하는 금액을 공제한다.

1. 제75조에 따라 징수를 유예받은 금액
2. 이 법 또는 다른 법률에 따라 산출세액에서 공제되거나 감면되는 금액

국세기본법 제47조의2(무신고가산세)

① 납세 의무자가 법정 신고기한까지 세법에 따른 국세의 과세 표준신고(예정신고 및 중간신고를 포함하며, '교육세법' 제9조에 따른 신고 중 금융·보험업자가 아닌 자의 신고와 '농어촌특별세법' 및 '종합부동산세법'에 따른 신고는 제외한다)를 하지 아니한 경우에는 그 신고로 납부해야 할 세액(이 법 및 세법에 따른 가산세와 세법에 따라 가산해서 납부해야 할 이자 상당 가산액이 있는 경우 그 금액은 제외하며, 이하 "무신고 납부세액"이라 한다)에 다음 각 호의 구분에 따른 비율을 곱한 금액을 가산세로 한다.

1. 부정행위로 법정 신고기한까지 세법에 따른 국세의 과세 표준신고를 하지 아니한 경우 : 100분의 40(역외 거래에서 발생한 부정행위인 경우에는 100분의 60)

2. 제1호 외의 경우 : 100분의 20

국세기본법 제47조의4(납부지연가산세)

① 납세의무자(연대납세의무자, 납세자를 갈음해서 납부할 의무가 생긴 제2
차 납세의무자 및 보증인을 포함한다)가 법정 납부기한까지 국세('인지
세법' 제8조 제1항에 따른 인지세는 제외한다)의 납부(중간예납·예정신고
납부·중간신고 납부를 포함한다)를 하지 아니하거나 납부해야 할 세액
보다 적게 납부(이하 "과소 납부"라 한다)하거나 환급받아야 할 세액
보다 많이 환급(이하 "초과환급"이라 한다)받은 경우에는 다음 각 호의
금액을 합한 금액을 가산세로 한다.
  1. 납부하지 아니한 세액 또는 과소납 부분 세액(세법에 따라 가산해
     서 납부해야 할 이자 상당가산액이 있는 경우에는 그 금액을 더한다)×
     법정 납부기한의 다음 날부터 납부일까지의 기간(납세고지일부터
     납세고지서에 따른 납부기한까지의 기간은 제외한다)×금융회사 등
     이 연체 대출금에 대해서 적용하는 이자율 등을 고려해서 대통령
     령으로 정하는 이자율

국세기본법 시행령 제27조의4(납부지연가산세 및 원천징수납부 등 불성실
가산세의 이자율)

법 제47조의4 제1항 제1호·제2호 및 제47조의5 제1항 제2호에서 "대
통령령으로 정하는 이자율"이란 1일 10만 분의 25의 율을 말한다.

상속세와 증여세는 다른 세목과는 달리 신고기한 내에 자진신고하는 경우, 신고하는 것만으로 세액공제 혜택을 제공하고 있다. 뿐만 아니라 혹여 신고기한이 도과(徒過)되었다고 할지라도, 신고기한이 지난 후 6개월 이내에 기한후신고를 진행하는 경우 가산세액 감면(20~50%)도 적용받을 수 있다.

반대로 추징의 경우라면 세액공제는 물론 가산세 감면도 적용받을 수 없을 뿐 아니라, 단순히 신고를 하지 않았을 뿐인데, 1년이 경과하면 일반적인 경우는 당초세액에 약 30%(부당 무신고의 경우 약 50%)에 육박하는 세금이 추가로 추징된다. 과거에는 정보의 부재로 인해서 과세당국이 이를 적발하지 못하고 넘어가는 경우가 많았으나, 현재는 금융정보분석원(FIU) 등의 기관을 통한 정보 파악이 가능하므로 적시에 신고해서 불이익을 받지 않길 바란다.

국세부과제척기간이란?

Question 국세부과제척기간이란?

Answer 국세부과제척기간이란 국세를 부과할 수 있는 기간을 말하며 통상적으로 국세를 부과할 수 있는 날로부터 5년으로 한다. 다만, 상속세 및 증여세의 경우 국세를 부과할 수 있는 날부터 10년으로 하되, 법령에 정하는 요건에 해당하는 경우 15년 또는 증여가 있음을 안 날로부터 1년으로 할 수 있다.

관련 법령 및 예규 **국세기본법 제26조의2**(국세부과제척기간)

④ 제1항 및 제2항에도 불구하고 상속세·증여세의 부과제척기간은 국세를 부과할 수 있는 날로부터 10년으로 하

고, 다음 각 호의 어느 하나에 해당하는 경우에는 15년으로 한다. 부담부증여에 따라 증여세와 함께 '소득세법' 제88조 제1호 각 목 외의 부분 후단에 따른 소득세가 과세되는 경우에 그 소득세의 부과 제척기간 또한 같다.

1. 납세자가 부정행위로 상속세·증여세를 포탈하거나 환급·공제받은 경우

2. '상속세 및 증여세법' 제67조 및 제68조에 따른 신고서를 제출하지 아니한 경우

3. '상속세 및 증여세법' 제67조 및 제68조에 따라 신고서를 제출한 자가 대통령령으로 정하는 거짓신고 또는 누락신고를 한 경우(그 거짓신고 또는 누락신고를 한 부분만 해당한다)

⑤ 납세자가 부정행위로 상속세·증여세(제7호의 경우에는 해당 명의 신탁과 관련한 국세를 포함한다)를 포탈하는 경우로서 다음 각 호의 어느 하나에 해당하는 경우 과세관청은 제4항에도 불구하고 해당 재산의 상속 또는 증여가 있음을 안 날부터 1년 이내에 상속세 및 증여세를 부과할 수 있다. 다만, 상속인이나 증여자 및 수증자(受贈者)가 사망한 경우와 포탈 세액산출의 기준이 되는 재산가액(다음 각 호의 어느 하나에 해당하는 재산의 가액을 합친 것을 말한다)이 50억 원 이하인 경우에는 그러하지 아니하다(개정 2011. 12. 31, 2013. 1. 1, 2016. 12. 20, 2019. 12. 31).

1. 제3자의 명의로 되어 있는 피상속인 또는 증여자의 재산을 상속

인이나 수증자가 취득한 경우

2. 계약에 따라 피상속인이 취득할 재산이 계약이행 기간에 상속이 개시됨으로써 등기·등록 또는 명의개서가 이루어지지 아니하고 상속인이 취득한 경우

3. 국외에 있는 상속 재산이나 증여 재산을 상속인이나 수증자가 취득한 경우

4. 등기·등록 또는 명의개서가 필요하지 아니한 유가증권, 서화(書畵), 골동품 등 상속 재산 또는 증여 재산을 상속인이나 수증자가 취득한 경우

5. 수증자의 명의로 되어 있는 증여자의 '금융 실명거래 및 비밀보장에 관한 법률' 제2조 제2호에 따른 금융 자산을 수증자가 보유하고 있거나 사용·수익한 경우

6. '상속세 및 증여세법' 제3조 제2호에 따른 비거주자인 피상속인의 국내 재산을 상속인이 취득한 경우

7. '상속세 및 증여세법' 제45조의2에 따른 명의신탁 재산의 증여의제에 해당하는 경우

(제목)

부과제척기간을 도과해서 수정신고·납부한 쟁점납부액은 오납금에 해당하므로 환급해야 함.

(요지)

부과제척기간을 도과한 과세 기간분에 대한 세액을 수정신고·납부해서 발생한 쟁점납부액은 '국세기본법' 제51조의 오납금에 해당하므로 처분청이 쟁점납부액에 대해서 환급을 거부한 처분은 잘못임.

통장에 친인척 간에 계좌이체한 내역이 있는데, 괜찮을까?

Question 통장에 친인척 간에 계좌이체한 내역이 있는데, 괜찮을까?

Answer 괜찮다. 친인척 간에 계좌이체한 내역이 있다는 것만으로는 문제가 되지 않는다. 다만 계좌이체를 통해서 친인척에게 편법증여를 했다는 특별한 사정이 있는 경우에는 증여로 보아 과세되며, 이에 대한 입증 책임도 과세관청이 아닌 납세자가 부담한다.

관련 법령 및 예규 **상속세 및 증여세법 제4조**(증여세 과세 대상)

① 다음 각 호의 어느 하나에 해당하는 증여 재산에 대해서는 이 법에 따라 증여세를 부과한다.

1. 무상으로 이전받은 재산 또는 이익

2. 현저히 낮은 대가를 주고 재산 또는 이익을 이전받음으로써 발생하는 이익이나 현저히 높은 대가를 받고 재산 또는 이익을 이전함으로써 발생하는 이익. 다만, 특수관계인이 아닌 자 간의 거래인 경우에는 거래의 관행상 정당한 사유가 없는 경우로 한정한다.

3. 재산취득 후 해당 재산의 가치가 증가한 경우의 그 이익. 다만, 특수관계인이 아닌 자 간의 거래인 경우에는 거래의 관행상 정당한 사유가 없는 경우로 한정한다.

4. 제33조부터 제39조까지, 제39조의2, 제39조의3, 제40조, 제41조의2부터 제41조의5까지, 제42조, 제42조의2 또는 제42조의3에 해당하는 경우의 그 재산 또는 이익

5. 제44조 또는 제45조에 해당하는 경우의 그 재산 또는 이익

6. 제4호 각 규정의 경우와 경제적 실질이 유사한 경우 등 제4호의 각 규정을 준용하여 증여재산의 가액을 계산할 수 있는 경우의 그 재산 또는 이익

② 제45조의2부터 제45조의5까지의 규정에 해당하는 경우에는 그 재산 또는 이익을 증여받은 것으로 보아 그 재산 또는 이익에 대하여 증여세를 부과한다.

③ 상속 개시 후 상속 재산에 대하여 등기·등록·명의개서 등(이하 "등기 등"이라 한다)으로 각 상속인의 상속분이 확정된 후, 그 상속 재산에 대하여 공동상속인이 협의하여 분할한 결과, 특정 상속인이 당초 상속분을 초과하여 취득하게 되는 재산은 그 분할에 의하여 상속분

이 감소한 상속인으로부터 증여받은 것으로 보아 증여세를 부과한다. 다만, 제67조에 따른 상속세 과세표준 신고기한까지 분할에 의하여 당초 상속분을 초과하여 취득한 경우와 당초 상속 재산의 분할에 대하여 무효 또는 취소 등 대통령령으로 정하는 정당한 사유가 있는 경우에는 증여세를 부과하지 아니한다.

④ 수증자가 증여 재산(금전은 제외한다)을 당사자 간의 합의에 따라 제68조에 따른 증여세 과세표준 신고기한까지 증여자에게 반환하는 경우(반환하기 전에 제76조에 따라 과세표준과 세액을 결정받은 경우는 제외한다)에는 처음부터 증여가 없었던 것으로 보며, 제68조에 따른 증여세 과세표준 신고기한이 지난 후 3개월 이내에 증여자에게 반환하거나 증여자에게 다시 증여하는 경우에는 그 반환하거나 다시 증여하는 것에 대해서는 증여세를 부과하지 아니한다.

사례 상증, 조심 2008서1003, 2009. 02. 27, 일부 인용

(제목)

예금이 인출되어 납세자 명의의 계좌로 입금된 금액을 증여로 본 처분의 당부

(요지)

증여자로 인정된 자의 예금이 인출되어 납세자 명의의 예금계좌 등으로 예치된 사실이 밝혀지면 그 예금은 납세자에게 증여된 것으로 추정되고, 증여가 아닌 다른 목적으로 행해진 것이라는 등 특별한 사정이 있다면 이에 대한 입증을 할 필요는 납세자에게 있음.

Tip. 저자의 한마디 특수관계인(친인척 등) 간에 계좌이체로 진행되는 금액이 있다면, 이체 시에 이체의 성격 등을 잘 정리하고, 관련 서류를 미리 구비해서 보관하길 바란다. 예를 들어, 특수관계인(친인척 등)으로 금전을 차용했다면, 차용증을 작성하고, 이자 지급 및 원금 상환 내역도 함께 구비해야 한다.

55문 55답으로 준비하는 부동산 세무조사

제1판 1쇄 발행 | 2021년 6월 17일

지은이 | 손준길, 조안나, 김은정, 곽문석, 박정우
펴낸이 | 윤성민
펴낸곳 | 한국경제신문 *i*
책임편집 | 우민정   디자인 | 노경녀 n1004n@hanmail.net
기획 · 제작 | ㈜두드림미디어

주소 | 서울특별시 중구 청파로 463
기획출판팀 | 02-333-3577
E-mail | dodreamedia@naver.com
등록 | 제 2-315(1967. 5. 15)

ISBN   978-89-475-4724-6 (03320)

한국경제신문 i 부동산 도서 목록

한국경제신문ⁱ 부동산 도서 목록

한국경제신문*i* 부동산 도서 목록

한국경제신문 *i* 부동산 도서 목록

제주도 경매왕

경매 성공의 지렛대가 되어줄
법정지상권, 분묘기지권 깨트리는 법

이것이 진짜 도로 경매다

세어 하우스

추리 경매

월급보다 월세 부자

억척 주부 부富 테크

REAL ESTATE PROJECT BIBLE
부동산금융 프로젝트 바이블

나는 경매로 노숙자에서 억대 연봉자가 되었다

위기의 시대, 사야 할 부동산 팔아야 할 부동산

대박땅꾼 전은규 흙처서라도 배워야 할 부동산 투자교과서

단독주택 리모델링 무조건 따라하기

재개발 재건축 투자의 모든 것

경매 NPL 입문자를 위한 권리분석의 모든 것

1, 2기 신도시 아파트 투자지도

투어박과 함께 떠나는 실전경매 여행

경매야, 우리 친구하자

위험한 경매

가치 있는 콘텐츠와 사람
꿈꾸던 미래와 현재를 잇는 통로

두드림미디어

Tel. 02-333-3577
E-mail. dodreamedia@naver.com
https://cafe.naver.com/dodreamedia